論證邏輯視域下的
法律論證理論研究

魏斌 編著

引　言

　　作為體現法律理性和保障公平正義的重要法律方法，法律論證貫穿於立法及司法中的偵查、起訴、庭審等各個階段，其理論研究是法哲學、邏輯學、修辭學和人工智能等相關學科的重要選題。伴隨著新的邏輯工具的出現以及實現手段的不斷成熟，加之法律論證問題域的不斷清晰，程序化和精細化的方法替代了傳統的研究方法，逐漸被引入以刻畫法律論證並且誕生了諸多各具魅力的法律論證理論，一些有影響力的成果已經被用於研究證據推理、解釋難題、庭審對話以及司法證明等相關問題，同時為支持立法選擇、司法判決、解決衝突和分歧以及輔助法律教學等法律實踐提供了理論和方法支撐。

　　無疑，如何構造好的法律論證是立法和司法理論及實踐中的難題。近些年來，中國發生的呼格吉勒圖案、念斌案、張氏叔侄案和趙作海案等冤假錯案的成因之一就是壞的法律論證。壞的法律論證將直接導致案件事實認定不清甚至錯誤，這也是直接導致刑事冤假錯案的主因。客觀上，由於重大刑事案件中證據等要素的複雜性，犯罪構成要件的事實和重要情節往往不易被釐清，構建好的法律論證仍然面臨困難，因而亟需新的支撐理論。這也表明法律論證研究在當前中國推進依法治國的背景下有著重要的理論和現實意義。

　　從法律論證理論的研究進路來看，傳統上認為存在三種方法：邏輯方法、修辭方法和對話方法。法學家和邏輯學家認識到了傳統邏輯對於

法律論證理論的表達缺陷，因而自20世紀60年代以來，這個領域的研究學者更願意從修辭學和對話理論的視角來研究法律論證理論。近年來，非形式邏輯以及可計算論辯理論的快速興起為法律論證理論的研究注入了新的活力，它們都被認為是一種特殊的邏輯形態，都被冠以「論證邏輯」（Argument/Argumentation logics）之名。[1]

一、非形式邏輯的興起及其對法律論證理論的影響

20世紀50年代，非形式邏輯興起的初衷是對形式化方法的批評與反思，這種新邏輯注重從語用的維度來探討社會生活中的論證，它強調邏輯學在現實社會生活中的實踐應用，而不是局限於抽象的形式系統，並且致力於發展理解、分析、建構和評價日常生活中論證的理論和方法。非形式邏輯進入到邏輯學家的研究視野，進一步拓展了論證研究的基本論域和理論議題，因而，近半個世紀以來，非形式邏輯研究一直方興未艾，諸多富有成效的理論成果不斷湧現出來。

非形式邏輯發展到今天，形成了諸多有代表性的理論，這些理論的誕生和發展本身就代表了非形式邏輯發展的圖景。圖爾敏（S. Toulmin）受到「法學的一般化模型」的啓發，提出了一個基於司法程序的新論證模型，後人稱之為「圖爾敏模型」。這種模型不同於形式邏輯評價論證的有效性標準，而是強調了論證評價標準的「領域依賴性」。佩雷爾曼（C. Perelman）重新展現了亞里士多德的傳統修辭學的魅力，他系統整理了價值論斷的論證技巧和證成模式，建構了以「獲取聽眾認同」為主導的新修辭學理論，並成功地將其拓展到法律論證理論的研究上。約翰遜（R. H. Johnson）與布萊爾（J. A. Blair）構建了語用論證理論，

---

[1] 文中論證概念是指廣義的論證（Argumentation），包含了作為過程、程序及結果的論證，Argument僅表示狹義的作為結果的論證。從形式論證理論的角度來看，廣義論證是指論證框架，包括句法、語義及證明程序等內容，而狹義論證僅是其元素之一。

他們認為論證是由推論性核心和論辯性外層兩部分組成的，還發展出了論證評估的 RSA 三角評估標準，即相關性、充分性和可接受性標準。沃爾頓（D. Walton）提出了新論辯術理論，他將對話分為不同目的驅動的六種類型，並且基於該理論重新詮釋了論證圖式、承諾和謬誤等概念。愛默倫（F. van Eemeren）與格羅頓道斯特（R. Grootendorst）建構了語用論辯術，該理論是關於批判性討論的分析、比較和評估的理論，並給出了相應的程序性規範體系。這些理論大多都衍生了關於法律對話及論證的相關理論，例如菲特麗斯（E. Feteris）致力於將語用論辯術應用於研究法律論證，而沃爾頓本人更是極力推崇其新論辯術在法律對話研究中的應用。

二、可計算論辯理論及其對法律論證的影響

20 世紀 60 年代，在人工智能與法律等學科交叉發展趨勢的推動下，法庭科學的形式化研究主要有三種傳統進路：一是基於敘事（narrative）理論的進路。如安德森（T. Anderson, 2006）等在證據法經典教科書《證據分析》中就提到敘事解釋作為案件事實調查的常用手段；又如瓦格納（W. Wagenaar, 1993）等曾著書《被連接的敘事：刑事證據心理學》來專門討論敘事是如何由證據連接起來的。二是基於貝葉斯理論的進路。如芬頓（N. Fenton, 2011）曾在《自然》上發文並論證了貝葉斯理論應用於法律領域的科學性，他還與尼爾（M. Neil, 2013）等合作研究了基於貝葉斯網絡的法律論證的一般結構。此外，還有如塔羅尼（F. Taroni, 2006）等研究了法庭科學的貝葉斯網絡和概率推論。三是通過建模法律對話認定案件事實，它得益於對話邏輯和形式論辯術的發展。如戈登（T. Gordon, 1995）的訴訟博弈模型是一種將對話理論應用於建模民事訴訟的對話系統。

近年來，基於可計算論辯理論的進路開始在建模法律論證方面嶄露

頭角。例如，普拉肯（H. Prakken, 1997）的《建模法律論證的邏輯工具》是最早研究法律論證的形式化建模：一種解決衝突論證的評價模型。他後來在此基礎上發展了一種可以表達論證結構的結構化論辯框架（2012），並且將其應用於研究一個真實的案例（Popov訴Hayashi案）。戈登（T. Gordon, 2012）與沃爾頓受到古希臘哲學家卡爾尼德斯（Carneades）的啓發，發展了一種能夠刻畫不同類型的證明標準和證明責任的抽象論辯模型（卡爾尼德斯模型）。卡朋（B. Capon, 2011）受到佩雷爾曼的新修辭學的啓發，發展了一種基於價值的論辯模型，他將聽眾加入論辯模型並且增加了聽眾對論證的賦值因素。近些年來，這些方法呈現出與其他進路交叉融合的趨勢，例如，將論證理論和敘事理論結合，如貝克斯（F. Bex, 2010）的專著《論證、故事和刑事證據》。再如，將論證理論和貝葉斯理論結合，如凱彭斯（J. Keppens, 2011）分析了如何從貝葉斯模型中發掘法律論證。

　　無論是非形式邏輯學，還是可計算論辯理論，它們都有著論證邏輯的一面，兩種理論代表了論證理論研究的兩個不同層面。一方面，非形式邏輯是一種直觀的程序性的檢驗方法，它受到日常論證實踐的啓發，為論證的分析、比較和評估提供了一般的程序理論，其特點是側重表達論辯和語用特點，關注聽眾等修辭因素；另一方面，可計算論辯理論並非基於邏輯後承關係的，而是包含一種非單調的基於論辯的推論，它建構了一種精確的、可操作的評估理論，偏向於研究複雜論辯環境下論證間的攻擊和辯護關係，評估人們對論證的可接受性程度。

　　本書認為，非形式邏輯和可計算論辯理論並不是互相排斥的理論，而是共同構成了一種綜合性理性，或者可以將其統稱為論證邏輯，因為它們既有著共同的研究對象，還有著緊密的關聯。這種聯繫體現在兩個方面：一是抽象論辯活動來源於人們的自然論證活動，因而可計算論辯

理論是對自然論證活動的抽象化和概括化；二是論證邏輯的形式化研究的靈感部分來源於非形式化研究，而形式化研究給予了非形式化研究一種準確而精緻的補充。

本書認為，論證邏輯在刻畫法律的理性特質上有著天然的優勢，正是法律的開放屬性賦予了論證邏輯施展空間。首先，法律論證是可廢止的，這往往體現在法學概念和法律規則的可廢止性上。一個法學概念的定義無法預測和包含所有可能的外延對象，作為前提的法律規則也同樣無法適用於所有的個例，它們的適用範圍、合法性和有效性都可能引發爭議。其次，論證邏輯允許推理和論證的前提受到質疑，可以存在衝突的法律規則、法律原則，甚至是先例。最後，論證邏輯提出了不同論證情境下的程序理論，預設了「論辯化」展開的階段，明確了論辯性義務，探討瞭解決意見爭端的一般化或情境化的規則。因而，從論證邏輯的視角出發，可以有針對性地刻畫法律論證的特質，為當前的法律論證理論研究開闢新的研究方向。

基於這樣的考慮，本書的目的是建構一種整合非形式邏輯和可計算論辯理論的綜合進路，並在此基礎上提出分析、比較和評估法律論證的綜合性理論。

本書的結構安排如下：

第一章從法哲學進路梳理法律論證理論，主要介紹哈貝馬斯的交往理性理論、阿列克西的法律論證以及參考密克的法律論證理論，而後簡要歸納在法哲學語境下法哲學家和法律邏輯學家關注哪些適用的邏輯，說明法哲學視域下的邏輯並不能刻畫法律論證的特質，從而引出法律論證的研究需要新的邏輯方法。

第二章闡述了法律論證適用的論證邏輯。這一章將展示兩個維度的論證邏輯，一是作為非形式邏輯的論證邏輯，二是作為可計算論辯理論

的論證邏輯。本書認為論證邏輯應當同時具備這兩個維度的特性，並在此基礎上給出一種關於論證邏輯的概括性定義。

第三章從非形式邏輯的視角展示了法律論證理論的研究，包括沃爾頓的新論辯術及其在法律論證中的應用、愛默倫等的語用論辯術及其在法律論證中的應用、約翰遜和布萊爾的語用論證理論及其在法律論證中的應用。本章還梳理了這三種經典的非形式邏輯之間的相似點和差異。

第四章從可計算論辯理論的視角展示法律論證理論的研究，從理論模型和應用系統兩個層面做了介紹。在理論模型層面，介紹了Dung氏抽象論辯語義、普拉肯的可廢止和結構論辯模型、貝克斯的論證和故事的混合模型。在應用系統層面，從基於對話或論辯的形式系統、基於先例的形式系統、基於規則的專家系統以及構造論辯系統四個方面介紹了目前可計算論辯應用系統的概貌。

第五章進一步探討非形式邏輯與可計算論辯理論之間的關係，分別梳理了哪些非形式邏輯的基本概念可以被形式化，接著對第三章介紹的三種典型的非形式邏輯理論進行了較為系統的形式化工作，目的是從可計算論辯理論的角度重塑非形式邏輯的特點。

第六章綜合前面的章節，提出了一種整合非形式邏輯和可計算論辯理論的綜合方法，這種新方法將借鑒這兩種理論的優點。首先，從非形式邏輯的角度確定法律論證的前提、結論和推論關係，分析論證的結構以及論證間的支持和攻擊關係。其次，借鑒可計算論辯理論，處理複雜論證中論證的擊敗和辯護關係，評估複雜論證網絡中某個論證的可接受性或證成狀態，進而為準確判定法律論證的主張或結論提供判斷依據。

最後一章即第七章總結全書並展望論證邏輯視域下的法律論證理論如何應用於研究立法論證這一新的課題。

目　錄

第一章　法哲學、法律論證與邏輯 / 1

　　第一節　法律論證的法哲學進路 / 1

　　　　一、哈貝馬斯的交往理性理論 / 2

　　　　二、阿列克西的法律論證理論 / 5

　　　　三、麥考密克的法律論證理論 / 20

　　第二節　法律論證和邏輯 / 28

　　　　一、法哲學進路中的邏輯 / 28

　　　　二、法律論證的邏輯特徵 / 31

　　第三節　何種法律論證的邏輯 / 33

第二章　法律論證適用的論證邏輯 / 38

　　第一節　邏輯之於法律概觀 / 38

　　第二節　論證邏輯——一種天然的法律邏輯 / 41

　　第三節　論證邏輯之於法律 / 46

第三章　基於非形式邏輯的法律論證理論 / 53

　　第一節　新論辯術與法律論證理論 / 54

　　　　一、新論辯術 / 54

二、法律論證理論之新論辯術之維 / 65

第二節　語用論辯術與法律論證理論 / 67

一、語用論辯術 / 67

二、法律論證理論之語用論辯術之維 / 72

第三節　約翰遜的論證理論與法律論證理論 / 77

一、語用論證理論 / 77

二、法律論證理論之語用論證理論之維 / 81

第四節　非形式邏輯的比較 / 84

一、多維路徑的相似點 / 84

二、多維路徑的差異 / 85

第四章　基於可計算論辯理論的法律論證理論 / 88

第一節　Dung氏抽象論辯模型 / 89

一、論辯的擴充語義 / 89

二、論辯的標記語義 / 92

三、抽象論辯理論的證明論 / 95

第二節　可廢止和結構化論辯框架 / 98

一、可廢止論辯框架 / 98

二、結構化論辯框架 / 100

三、應用分析 / 103

第三節　論證與故事的混合模型 / 107

一、論辯的形式理論 / 108

二、解釋的形式理論 / 112

三、論辯和解釋的混合理論 / 115

第四節　可計算論辯的應用系統 / 123

一、基於對話或論辯的形式系統 / 123

二、基於先例的形式系統 / 124

三、基於規則的專家系統 / 126

四、構造論辯系統 / 126

第五節　可計算論辯理論的優缺點 / 127

第五章　非形式邏輯的形式化 / 130

第一節　非形式概念的形式化 / 130

一、論證概念的表達 / 131

二、攻擊類型和擊敗關係的定義 / 132

三、圖解方法和論證結構的形式化 / 133

四、論證圖式的形式化 / 135

五、論證評估理論的構建 / 136

六、動態性和程序性的建模 / 137

第二節　新論辯術和語用論辯術的形式化 / 139

第三節　約翰遜的論證理論的形式化 / 143

一、推論性核心框架 IC / 143

二、論辯性外層框架 DT / 145

第四節　訴諸專家的論辯模型 / 147

一、訴諸專家的論辯框架 / 147

二、訴諸專家的論辯（擴充）語義 / 152

三、訴諸專家的論辯（標記）語義／155

　第五節　未被超越的非形式邏輯／161

第六章　面向綜合的研究進路／163

　第一節　綜合的研究方法／163

　第二節　案例分析／168

第七章　結語與展望／182

參考文獻／192

第一章　法哲學、法律論證與邏輯

第一節　法律論證的法哲學進路

從法哲學的視角研究法律論證有著悠久的歷史，法律論證理論一度在法哲學研究中佔有支配的地位，法律論證的問題也是國際法哲學屆討論的前沿和焦點，每屆國際法哲學大會都有與法律論證直接相關的專題。至今為止，法律論證理論的研究也取得了相當豐富的成果，一些大牌法哲學家都有與法律推理和法律論證相關的論述或系統的理論，其中富有代表性的且受到學術界持續關注的有：哈貝馬斯（J. Habermas）的交往理性理論、阿列克西（R. Alexy）的以內外部證成構建為核心的法律論證理論、麥考密克（N. MacComick）的以二級證成和後果主義論證為核心的法律論證理論、阿爾尼奧（A. Aarnio）的法律解釋的證成理論、佩策尼克（A. Peczenik）的轉化證成和深度證成理論等。在這些理論中，阿列克西的法律論證理論的影響最為深遠，由於它與哈貝馬斯的實踐商談理論一脈相承，因此本節將首先介紹這兩種理論。此外，鑒於英國法哲學家麥考密克在國際法哲學界的重要影響力，其關於法律推理的理論為後來的「制度法事實」理論奠定了基礎，本書認為他在法律

推理領域的研究是無可替代的，因而本書也將對他的理論作簡要介紹。

一、哈貝馬斯的交往理性理論

哈貝馬斯的交往理性理論吸收了很多前人的成果，他在繼承維特根斯坦（L. Wittgenstein）的語言哲學相關理論的基礎上，受到喬姆斯基（A N. Chomsky）和奧斯汀（J. Austin）的語言哲學相關理論的影響，提出了普遍語用學理論，這也是他創建交往理性理論所倚賴的基礎。交往理性理論的思想影響了哈貝馬斯一生的創作，在其早期的著作《面向理性社會》（1967）、《認識與人類興趣》（1968）和《作為意識形態的技術和學科》（1968）中就已經出現了交往理性理論的萌芽，而後在《社會交往的語用學》（1976）、《交往行動理論》（1981年）、《道德意識和交往行動》（1983）以及《交往行動理論的研究和結論》（1984）這四部著作當中才系統地建立了交往理性理論。

交往理性理論的核心是如何構造和規範一個理想的商談情境，這種情景也是其真理共識論建構的必要環境，他認為如果交往不但不會被外在的偶然性因素影響，而且也不會被交往自身的結構的強制所阻止，那麼交往就處於一個理想的商談情境。具體來說，理想的商談情境所要滿足的條件是：

(1) 任何能夠說話和行動的主體都有權參與討論。

(2) ①任何人都有權質疑任何主張。

②任何人都有權將任何主張引入討論。

③任何人都有權表達他的態度、意願和需要。

(3) 不存在在商談內部或外部強制阻止任何說話者行使（1）和

(2) 當中所規定的權利。①

儘管由這些規則所約束的理性商談很難在現實商談中實現，但是它可以作為一種商談的參照標準，用於評估日常生活中的商談在多大程度上實現了理想商談。

哈貝馬斯區分了作為結論的邏輯層面、作為程序的對話層面以及作為過程的修辭層面。在邏輯層面上，哈貝馬斯贊同阿列克西所提出的邏輯規則：

（1）任何說話者的說話不得自我矛盾。

（2）對於任何說話者，當他將謂詞 F 應用於對象 a 時，也必須將 F 用於與 a 在所有重要方面相同的其他任意對象。

（3）不同的說話者不得以不同含義使用同一個表達。②

在對話層面上，哈貝馬斯認為人們應當在這個層次上達成真之共識，遵循這個層次的規則也就是共同探尋真理的語用學前提。哈貝馬斯同樣援引了阿列克西關於對話層次的規則：

（1）任何說話者都只能主張他本人相信的內容。

（2）對於論題之外的陳述或規範提出質疑的人有舉證的義務。③

在修辭層面上，哈貝馬斯認為交往的過程應當要滿足理想商談情境的要求，也就是說任何說話者都有權利表達自己想說的，沒有人能夠強行阻止其他人發表自己的見解，即這個層次的規則與滿足理想商談情境的規則相一致。

---

① 烏爾弗里德・諾依曼. 法律論證學 [M]. 張青波, 譯. 北京：法律出版社, 2014：83-34.
② 烏爾弗里德・諾依曼. 法律論證學 [M]. 張青波, 譯. 北京：法律出版社, 2014：85.
③ 烏爾弗里德・諾依曼. 法律論證學 [M]. 張青波, 譯. 北京：法律出版社, 2014：85.

理想商談情境建立在修辭的層面上，這種情況還必須要滿足邏輯層面和對話層面的規則，也就是說既要滿足作為結果的論證的邏輯要求，也要滿足作為程序的論證的論辯規則。從這個方面來看，修辭層面實質上也是建立在對話層面和邏輯層面上的，只有滿足這兩個層面的要求，修辭層面才有實現的可能。

哈貝馬斯的交往理性理論是在尋找一種適用理想商談情境的制度化實踐論辯，儘管日常的商談情境難以滿足這一要求，但是在法律中的實踐論辯卻使這一設想變得可能。這是因為法律有法律人必須遵守的確定規則和程序，這使得法律裁決是有強制力的，而且法律規則的適用以及法律程序的推進都依賴於作為第三方的法官來進行，這使得法律中的實踐論辯在時間等諸多方面受到了限制。具體來說，法律能夠從四個方面使得實踐論辯制度化：

（1）在方法方面，涉及遵守有效法律的義務。

（2）在實質方面，涉及論辯對象和舉證責任的分擔。

（3）在社會方面，涉及參與條件和角色的分配。

（4）在臨時性方面，涉及時限。[1]

首先，法律人必須遵守法律的程序規範是法律程序的基本前提；其次，法律程序規定了哪一方作為訴訟的起訴方，哪一方作為訴訟的應訴方；再次，作為第三方的法官判定哪一方承擔舉證責任，在不同的階段會有什麼變化；最後，法律程序規定了實踐論辯完成的時限，即使最後沒有任何一方滿足證明標準且履行說服責任，法官也要判定法律程序結

---

[1] FETERIS E T. Fundamentals of legal argumentation: A survey of theories on the justification of judicial decisions [M]. Dordrecht: Kluwer Academic Publishers, 1999: 68.

束。從這些方面來說，法律程序的合理性和強制性使得其所衍生的結果盡可能地滿足理想商談情境的要求，但是由於存在法律程序自身的不理性因素，在處理法律衝突的實踐論辯中無法保證一定能夠完全滿足理性商談的條件，因而有的法哲學家認為哈貝馬斯的理論並不能夠完全適用於法學，但是一個普遍的共識是至少它可以作為批判法律實踐的工具。這一點與哈貝馬斯自己的理解也是一致的，他認為交往理性理論是一種探索性和批判性的工具，可被用於重構和評價法律的品質和法律裁決。菲特麗斯也認為理想商談情境提供了對立法過程和裁決過程進行批判分析的指引，它構成了評價複雜裁決程序的批判標準。① 儘管哈貝馬斯的交往理論受到了質疑，但是這並不影響其理論的衍生和發展，阿列克西就使得這一理論煥發出了新的活力。

二、阿列克西的法律論證理論

對法律論證理論感興趣的法哲學家普遍認為，法哲學開始關注哈貝馬斯的理論主要歸功於阿列克西繼承和發揚了其交往理性理論，創立了理性實踐論辯理論。在《法律論證理論：作為法律證成理論的理性商談理論》一書中，阿列克西系統地提出了普遍實踐商談理論並且延伸了其在法律論證理論中的應用。② 在建構自身的理論之前，阿列克西首先反思了前人關於實踐論辯的理論，從梳理自然主義和直覺主義之爭，到妮妮道來斯蒂文森的情感主義、語言哲學集大成者維特根斯坦的語言游戲

---

① FETERIS E T. Fundamentals of legal argumentation: A survey of theories on the justification of judicial decisions [M]. Dordrecht: Kluwer Academic Publishers, 1999: 69.
② 羅伯特·阿列克西. 法律論證理論：作為法律證成理論的理性商談理論 [M]. 舒國瀅, 譯. 北京：中國法制出版社, 2002.

以及奧斯汀的言語行為理論，再到對黑爾的道德語言理論、圖爾敏的論證理論以及拜爾的道德論證理論的分析和評價。接著，他還細緻地闡述了哈貝馬斯的真理共識論，解構了哈貝馬斯的商談理論與真理論的結合，還對其系統理論進行了反思和批判。在實踐商談理論方面，他還展示了愛爾蘭根學派在建構實踐商談理論方面的成就。最後，他還討論了佩雷爾曼的論證理論，梳理了該理論是如何圍繞聽眾概念展開法律論證的理論建構。

在梳理前人工作的基礎上，阿列克西系統地提出了由一系列規則和論證型式組成的普遍實踐商談理論，他將這種理論運用於研究法律論證，形成了獨具魅力的法律論證理論。由於阿列克西的法律論證理論是建立在普遍商談理論的基礎之上的，因此要展示其法律論證理論，首先必須要厘清普遍商談理論的要旨。

普遍商談理論關注規範性命題的證成問題，而這種命題的證成通過論辯的方式來證成已經是多種論辯理論的共識，理性論辯規則的證成是達成這一目的的前提，阿列克西梳理了四種證成論辯規則的方法，分別是技術性的證成方法、經驗性的證成方法、定義性的證成方法以及普遍語用學的證成方法。阿列克西認為這四種方法存在不同程度的問題，在證成論辯規則上有所不足，都會產生難以解決的問題。技術性的證成方法過於抽象，其本身也包含需要被證成的規則；經驗性證成方法使現行的實踐標準成為理性的標準；定義性的證成方法最終是專斷的；而普遍語用學的方法則最多適用於很少的基本性規則的證成。[①] 由於這四種框

---

① 羅伯特·阿列克西. 法律論證理論：作為法律證成理論的理性商談理論［M］. 舒國瀅, 譯. 北京：中國法制出版社, 2002：232.

架存在不同程度的局限性，阿列克西認為亟須建構一種新的普遍實踐論辯的理論，新理論的第一步就是要明確界定理性實踐論辯的規則。

(一) 普遍實踐論辯理論

普遍實踐論辯理論的第一組規則是基本規則，這組規則的有效性是每個涉及真實性或正確性問題的語言交往理性所需要的先決條件：

(1.1) 任何一個說話者都不得自相矛盾。

(1.2) 任何一個說話者都只允許主張其本人所相信的東西。

(1.3) 對於任何說話者，當他將謂詞 F 應用於對象 a 時，也必須將 F 用於與 a 在所有重要方面相同的其他任意對象。

(1.4) 不同的說話者不得以不同含義使用同一個表達。[1]

由於 (1.3) 涉及說話者自身的一致性，在被運用於評價性表述時，該規則將採取以下形式：

(1.3′) 任何說話者都只允許對這樣的價值——義務判斷來主張，即當他處在所有相關點均與其做出主張時的情形完全相同的所有其他情形時，他也同樣會做出完全相同的主張。[2]

第二組規則被稱為理性規則，主張者的商談行為適用於如下規則：

任何一個說話者都必須應他人的請求就其所主張的內容進行證成，除非他能舉出理由證明自己有權拒絕證成。[3]

這條規則又被稱為普遍證成規則。它指的是說話者必須回應其他人

---

[1] 羅伯特·阿列克西. 法律論證理論：作為法律證成理論的理性商談理論 [M]. 舒國瀅, 譯. 北京：中國法制出版社, 2002：234-235.
[2] 羅伯特·阿列克西. 法律論證理論：作為法律證成理論的理性商談理論 [M]. 舒國瀅, 譯. 北京：中國法制出版社, 2002：237.
[3] 羅伯特·阿列克西. 法律論證理論：作為法律證成理論的理性商談理論 [M]. 舒國瀅, 譯. 北京：中國法制出版社, 2002：239.

請求的證成，除非他能舉出拒絕的理由。理性規則還包含三個要求：同等地位、普遍性和無強迫性，它們可以表達為三條規則：

（2.1）任何一個說話的人，都可以參加商談。

（2.2）（a）任何人都可以對任何主張提出質疑。

（b）任何人都可以在商談中提出任何主張。

（c）任何人都可以表達其態度、願望和需求。

（2.3）任何說話者都不會因受到論辯內外的任何強制阻礙而無法行使其在（2.1）和（2.2）中所確定的權利。①

第三組規則被稱為證明責任的分配規則：

（3.1）如果有人將某人 A 和某人 B 區別對待，那麼他就有責任對這樣做的理由進行證成。

（3.2）如果有人對不屬於討論對象的命題或規範進行質疑，那麼他就必須說明這樣做的理由。

（3.3）已經提出論證的人，只有當出現反論證時才有責任做進一步的論證。

（3.4）如果有誰想在論辯當中就其態度、願望或需求提出與先前的表述無關的主張或陳述，那麼他必須應他人的請求證明他為什麼要提出這樣的主張或論證。②

普遍實踐論辯理論的第二部分是論證的型式，它是為了證成單稱的規範性命題（N），通常有兩種基本型式：第一種是援引某個預設為有效規則（R）的型式；第二個是指出遵循蘊涵的祈使句的後承（F）。

---

① 羅伯特·阿列克西. 法律論證理論：作為法律證成理論的理性商談理論 [M]. 舒國瀅，譯. 北京：中國法制出版社，2002：240.

② 羅伯特·阿列克西. 法律論證理論：作為法律證成理論的理性商談理論 [M]. 舒國瀅，譯. 北京：中國法制出版社，2002：244-246.

(4.1) $\dfrac{T}{R}$
$\dfrac{}{N}$

(4.2) $\dfrac{F}{R}$
$\dfrac{}{N}$

論證型式關注 R 的爭論，在通過 F_R 來證成 R 的情況下，對於某個主張的理由加以引述應當是以某個規則作為前提的，這條規則規定：凡是引述作為理由的東西，就是主張的理由。這就產生了第二個層面的規則（R′）。

(4.3) $\dfrac{F_R}{R'}$
$\dfrac{}{N}$

除了引證 F_R 之外，引證進一步的規則 R′ 也是可能的，它要求 R 服從某些不宜劃歸為 R 之後承的條件 T′。

(4.4) $\dfrac{T'}{R'}$
$\dfrac{}{R}$

還存在一些優先規則規定，例如，一些規則在任何條件下應當比其他規則更具有優先性；一些規則只是在特定條件（C）下才比其他規則更具有優先性。「P」所表達的是兩個規則之間的優先關係，那麼，優先規則就有以下型式：

(4.5) $R_i P R_k$ 和 $R_i' P R_k'$

(4.6) $(R_i P R_k) C$ 和 $(R_i' P R_k') C$

以上即是實踐論辯中可應用的論證型式。為了從根本上按照這些型式進行論辯，還需要區分三種不同的可普遍化原則。

首先，根據黑爾的可普遍化原則，得到規則如下：

（5.1.1）任何提出規範性命題的人，必須當其處於當事人的情景時，也能夠接受由其提出的命題預設為前提的規則所導致的後果。

其次，根據哈貝馬斯的可普遍化原則，得到規則如下：

（5.1.2）任何滿足每個人利益的規則所導致的後果，都必須能夠被所有人接受。①

最後，根據拜爾的可普遍化原則，得到規則如下：

（5.1.3）任何規則都必須公開，而且是普遍可傳授的。②

儘管如此，這三個普遍化原則的規則仍無法保證達成理性的共識，還需要增加施韋摩爾（O. Schwemmer）和哈貝馬斯關於批判生成的程序規則。

（5.2.1）說話者的道德觀念所依據的道德規則，必須能夠經得起批判、歷史生成的檢驗。如果以下情形之一出現，那麼道德規則就不可能通過這樣的檢驗：

（a）當該道德規則雖然此前經過理性證成，但是後來卻又失去了合理性根據。

（b）當該道德規則此前就沒有經過理性證成，而現在又提不出任何足夠的新的證明理由。

---

① 羅伯特·阿列克西. 法律論證理論：作為法律證成理論的理性商談理論 [M]. 舒國瀅, 譯. 北京：中國法制出版社, 2002: 253.
② 羅伯特·阿列克西. 法律論證理論：作為法律證成理論的理性商談理論 [M]. 舒國瀅, 譯. 北京：中國法制出版社, 2002: 253.

(5.2.2) 說話者的道德觀點所依據的道德規則，必須能夠經得起其個人的生成歷史的檢驗。如果道德規則的採用只是根據某些無法被證成的社會化條件，那麼它們不可能經得起這樣的檢驗。

(5.3) 事實上所形成的可實現界限必須被遵守。①

以上規則直接決定著證成的命題和規則的內容，因而被稱為「證成規則」。由於實踐論辯中經常出現一些難以解決的問題，例如事實問題和語言問題。如果遇到這些問題，就必須過渡到其他的論辯形式，那麼就需要以下「過度規則」：

(6.1) 任何人在任何時候都能轉入理論上的（經驗性的）論辯。

(6.2) 任何人在任何時候都能轉入語言分析的論辯。

(6.3) 任何人在任何時候都能轉入論辯理論的論辯。②

在普遍實踐論辯的具體化情境中，阿列克西最為關注的就是法律論證，它是作為一種典型的普遍實踐論辯的特殊情形而存在的。法律論證關注的是規範性命題的特殊情況，即法律判斷的證成。阿列克西將其分為兩個層次：內部證成和外部證成。內部證成處理的問題是：判斷為了證成而引述的前提是否能有邏輯地推導出來。外部證成的對象是這個前提的正確性問題。下面分別來介紹這兩個層次。

(二) 內部證成

內部證成的簡單結構有如下型式：

(J.1.1) (1) (x) (Tx→ORx)

---

① 羅伯特·阿列克西. 法律論證理論：作為法律證成理論的理性商談理論 [M]. 舒國瀅, 譯. 北京：中國法制出版社, 2002: 254.

② 羅伯特·阿列克西. 法律論證理論：作為法律證成理論的理性商談理論 [M]. 舒國瀅, 譯. 北京：中國法制出版社, 2002: 256.

(2) Ta

(3) ORa　　　　　　（1），（2）①

在法律判斷中，可能存在多個普遍性的規範以及由多個命題構成的論證的前提集，因而如果只適用型式（J.1.1），那麼則需要多次使用該型式。為了能夠表達從多個普遍性規範和命題推導出的法律判斷，還需要一個類似於連鎖推理的型式。

(J.1.2) (1) (x) (Tx→ORx)

(2) (x) (M^1x→Tx)

(3) (x) (M^2x → M^1x)

……

(4) (x) (Sx→ M^nx)

(5) Sa

(6) Ora　　　　　　（1）-（5）②

如果將內部證成的以上規則作為可普遍化原則的具體型式，那麼可以得到如下規則：

(J.2.1) 如果要證成法律判斷，那麼必須至少引入一個普遍性的規範。

(J.2.2) 法律判斷必須至少從一個普遍性的規範與其他命題合乎邏輯地推導得出。

(J.2.3) 每當對 a 是否是 T 或者 M^i 產生質疑時，都必須提出某個

---

① 羅伯特·阿列克西. 法律論證理論：作為法律證成理論的理性商談理論 [M]. 舒國瀅，譯. 北京：中國法制出版社，2002：275.

② 羅伯特·阿列克西. 法律論證理論：作為法律證成理論的理性商談理論 [M]. 舒國瀅，譯. 北京：中國法制出版社，2002：281.

規則來對這個問題有所判定。

（J.2.4）需要盡可能多地展開邏輯推導的步驟，從而使得某些表達達到無可爭議的地步，即它們完全契合受到爭議的案件。

（J.2.5）應當盡最大可能地表述邏輯的展開步驟。①

以上規則從證成的內部結構上保證了結論的合理性，但是這種合理性還需要訴諸前提的合理性，對於前提的合理性或正確性的判定就屬於外部證成的研究對象。

(三) 外部證成

外部證成旨在證成內部證成所使用的前提，待證成的前提一般可分為實在法規則、經驗命題以及這兩種命題之外的其他前提。外部證成的規則可以分為六組：①解釋的規則和形式；②教義學論證的規則和形式；③判例適用的規則和形式；④特殊的法律論證形式；⑤經驗論證的規則和形式；⑥普遍實踐論辯的規則和形式。

建構外部證成是圍繞解釋展開的，其核心是關注解釋的準則，它的目標在於對這個解釋進行證成。對於解釋的規則和形式（解釋的準則）的刻畫可以借鑑內部證成的模型來表達，經過簡化的模型表示如下：

（J.1.2′）（1）（x）（Tx→ORx） （R）

（2）（x）（Mx→Tx） （W）

（3）Ma

（4）ORa （1），（2）

由（1）（即規範 R）和（2）（即語次使用規則 W）就可以得出規

---

① 羅伯特·阿列克西. 法律論證理論：作為法律證成理論的理性商談理論 [M]. 舒國瀅，譯. 北京：中國法制出版社，2002：281-282.

範 R′：

$$(2')\ (x)\ (Mx \rightarrow ORx)$$

R′又可以被稱為「W 對 R 的解釋」（$I\frac{R}{W}$）。①

解釋的準則可以分為六組：語義學解釋、發生學解釋、歷史解釋、比較解釋、體系解釋和目的論解釋。這六組解釋的準則可以用不同的論證形式來表達。

第一，語義學論證可以用來證成和批判某個解釋，或者證明它至少在語義學上是被允許的，對應地可以區分為三種論證型式：

（J.3.1）基於 $W_↓$，R′必須被接受為是對 R 的解釋。

（J.3.2）基於 $W_↓$，R′有可能不被接受為是對 R 的解釋。

（J.3.3）因為 $W_↓$ 和 $W_↓$ 都不成立，所以，R′可能被接受為是對 R 的解釋，也可能不被接受為是對 R 的解釋。②

第二，如果指出某個解釋 R′與立法者的意圖相契合，那麼與其相關的學說就是發生學論證。通常可以將發生學解釋分為兩種，它們的型式有如下結構：

（J.4.1）（1）R′（$=I\frac{R}{W}$）是立法者的意圖所在。

（2）R′

（J.4.2）（1）立法者根據 R 來追求目標 Z。

（2）$\neg R'$（$=I\frac{R}{W}$）$\rightarrow \neg Z$

---

① 羅伯特·阿列克西.法律論證理論：作為法律證成理論的理性商談理論 [M]. 舒國瀅, 譯. 北京：中國法制出版社, 2002：290.

② 羅伯特·阿列克西.法律論證理論：作為法律證成理論的理性商談理論 [M]. 舒國瀅, 譯. 北京：中國法制出版社, 2002：291.

(3) R′①

第三，當引述在討論的法律問題的歷史事實作為支持或反對某個解釋的理由的時候，被討論的就是歷史論證。歷史論證的型式包括：①當下正在討論的問題的特別解決方案在過去一度被人們所實踐；②這種實踐曾經導致某個後果F；③F並不理想；④歷史與現實的情景差別沒有大到足以排除F在今天仍然出現的可能性；⑤因此，這個在當下討論的解決方案在今天不值得推廣，在這裡所說的是向歷史學習的情形。

第四，比較論證所涉及的不是某些（歷史上）已經發生的法律狀況，而是另一個社會的法律狀況。上述論證型式可以通過某些修改轉變為一種比較的型式，它除了包含經驗性的前提之外，還包括某種規範性的前提。

第五，體系論證可以理解為是法律文本中的規範或者是規範、目的和原則之間所存在的邏輯關係或目的論關係。嚴格地講，只有討論規範間的邏輯關係的論證才是嚴格意義上的體系論證的討論對象，而目的論關係最好是在目的論論證的框架內加以討論。

第六，目的論論證關注的是與手段概念以及與這些概念應用相關的意願、意圖、實際必要性和目的等概念。值得討論的是拉茲所說的「客觀—目的論論證」，它的特點是：參與論證的人不是依據過去和現在實際存在的任何個人的目的，而是依據「符合理性」或「在現行有效的法律秩序框架內客觀上所要求的目的」。「客觀—目的論論證」的最簡單的型式如下：

---

① 羅伯特·阿列克西. 法律論證理論：作為法律證成理論的理性商談理論［M］. 舒國瀅, 譯. 北京：中國法制出版社，2002：293.

(J.5)（1）OZ（$=I\frac{R}{W}$）是立法者的意圖所在。

（2）$\neg R'$（$=I\frac{R}{W}$）$\to \neg Z$

（3）R'①

解釋準則在法律論證中的作用可以從六個方面來闡述：①應用的範圍；②邏輯地位；③飽和要求；④不同形式的不同職能；⑤它們的位序問題；⑥在法律論證理論上對其位序問題的解決。其中，飽和要求保證瞭解釋準則適用的合理性。在這個要求下，經常需要論證的既包括經驗性前提，也包括規範性前提，這些前提的真實性或正確性是需要進一步討論的。所以，為了防止空洞無用的廢話，需要以下規則：

(J.6) 任何屬於解釋準則的論證型式，必須達到飽和。②

為了確保論證受到現行有效的法律的約束，就必須要求那些能夠表達這些約束的論證具有更強的優先性。為了表達這種優先性，論證的證明責任規則將被作為語用學規則而產生效力：

(J.7) 那些表達法律的文義或歷史上的立法者意圖的約束的論證，比其他論證更具有優先性，除非能夠提出合理的理由說明其他的論證被賦予了優先性。③

在實踐商談理論中，可普遍化原則要求論證型式的適用根據支配它們之間的相互關係的規則來進行，這些規則可以理性地加以證成。這就

---

① 羅伯特·阿列克西. 法律論證理論：作為法律證成理論的理性商談理論 [M]. 舒國瀅，譯. 北京：中國法制出版社，2002：297.

② 羅伯特·阿列克西. 法律論證理論：作為法律證成理論的理性商談理論 [M]. 舒國瀅，譯. 北京：中國法制出版社，2002：305.

③ 羅伯特·阿列克西. 法律論證理論：作為法律證成理論的理性商談理論 [M]. 舒國瀅，譯. 北京：中國法制出版社，2002：308.

產生了可普遍化規則的另外一種型式：

（J.8）各種不同形式的論證的分量，必須根據權衡輕重的規則來加以確定。①

解釋準則對於所有可能的論證都加以考慮，這就產生了以下規則：

（J.9）一切屬於解釋準則而又能夠盡可能地被提出的論證形式，都必須被考慮。②

以上就是解釋準則的 9 條規則，即外部證成的第一組規則。這些規則儘管不能夠保證運用解釋準則就一定能夠找到解決方案，但是這不失為一種合理且純粹的方法。假如想得到正確的法律論證，那麼就必須運用解釋準則的這些規則。

外部證成的第二個部分是法教義學論證，關於該論證的規則就是外部證成的第二組規則，即法教義學的規則。法教義學有三個方面的作用：①法律概念的邏輯分析；②將這種分析概括為一個體系；③將這種分析的結果作用於司法判決的證成。為證成和檢驗法教義學的命題，需要滿足以下規則：

（J.10）任何教義學語句，當它受到懷疑時，必須應用至少一個普遍實踐論證來加以證成。

（J.11）任何教義學語句，必須能夠經得起狹義體系的檢驗，也經得起廣義體系的檢驗。③

---

① 羅伯特·阿列克西.法律論證理論：作為法律證成理論的理性商談理論［M］.舒國瀅，譯.北京：中國法制出版社，2002：309.
② 羅伯特·阿列克西.法律論證理論：作為法律證成理論的理性商談理論［M］.舒國瀅，譯.北京：中國法制出版社，2002：309.
③ 羅伯特·阿列克西.法律論證理論：作為法律證成理論的理性商談理論［M］.舒國瀅，譯.北京：中國法制出版社，2002：328.

法教義學論證的應用應當被看成是與論證理論的原則相一致的論證，而且還應當被看成是超越特定情境中的法律論證。因此，還有以下規則：

(J.12) 當能夠使用教義學論證時，則必須使用它。①

外部證成的第三個部分是判例論證，也就是說，第三組規則與判例的適用有關。遵循先例的理由是要求人們對待同樣的事務應當採用可普遍化原則，即判例適用的基礎就是可普遍化原則。如果有人支持當前的案件不適用於先例，也就是偏離先例，那麼他必須承擔論證的責任，從而說明哪些是應當被採納的規則等。因此，作為先例適用的普遍規則可以表達如下：

(J.13) 當一個先例可以被引證來支持或反對某一個判決時，那麼必須引證它。

(J.14) 如果有人想偏離某個先例，那麼就要承擔論證的責任。②

有了以上規則，論證責任規則就被視作法律論證的規則而得到證成。

外部證成的第四個部分是特殊的法律論證型式，例如，類比、反論證、充分論證和歸謬論證等。阿列克西形式化了克盧格（U. Klug）所說的反論證的型式，它指的是雖然沒有附加任何特殊前提但是邏輯卻有效的推理型式。

(J.15) (1) (x) (OGx→Fx)

---

① 羅伯特·阿列克西. 法律論證理論：作為法律證成理論的理性商談理論 [M]. 舒國瀅，譯. 北京：中國法制出版社，2002：335.
② 羅伯特·阿列克西. 法律論證理論：作為法律證成理論的理性商談理論 [M]. 舒國瀅，譯. 北京：中國法制出版社，2002：328.

(2) $(x)(\neg Fx \rightarrow \neg OGx)$①

類比也可以表述為一個有效的邏輯推理。這裡用「F sim x」表示「x 相似於 F」。類比推理可以表達如下：

(J.16) (1) $(x)(Fx \lor F \text{ sim } x \rightarrow OGx)$

(2) $(x)(Hx \rightarrow F \text{ sim } x)$

(3) $(x)(Hx \rightarrow OGx)$②

類似的情況也適用於不可接受的論證，它指的是當證成某個主張，通過使用規則 W（$I\dfrac{R}{W}=R'$）對於某個規範 R 的解釋 I 是不被允許的，這將導致不可承受、無意義的結果。這樣一個不可接受的結果用狀態 Z 來表示，那麼禁止這個接受就可以表示為：$O \neg Z$。因此，有如下規則：

(J.17) (1) $O \neg Z$

(2) $R' \rightarrow Z$

(3) $\neg R'$③

到目前為止，已經介紹了至少三種論證型式是普遍實踐論證的規則和形式的特殊情形，也就是外部證成的第六個部分。其中，(J.15) 是一個有效的邏輯推理的形式；(J.16) 是可普遍化規則所要求的；(J.17) 是考慮結果的情形。當這些型式以普遍實踐論辯的規則的型式出現的時候，就可以稱使用它們是理性的。但是，正如和適用解釋準則一樣，只

---

① 羅伯特·阿列克西. 法律論證理論：作為法律證成理論的理性商談理論 [M]. 舒國瀅, 譯. 北京：中國法制出版社, 2002：342.
② 羅伯特·阿列克西. 法律論證理論：作為法律證成理論的理性商談理論 [M]. 舒國瀅, 譯. 北京：中國法制出版社, 2002：343.
③ 羅伯特·阿列克西. 法律論證理論：作為法律證成理論的理性商談理論 [M]. 舒國瀅, 譯. 北京：中國法制出版社, 2002：346.

有論證的型式達到飽和才能使得規則在法律論證中得到證成，因此，還需要加上最後一條規則：

(J.18) 各種特殊的法律論證形式必須達到飽和。①

對於基於商談理論的法律論證理論而言，一直存在著批判和異議，例如，該理論沒有對實質上好的理由和令人信服的論證的效果之間做出區分；沒有區分一個情境下的論證事實所獲得的信服力和它在理想條件下所獲得的信服力；沒有說明論證的正確性和制度化程序的正確性之間的精確結構；普遍化規則中的「普遍利益」的概念和功能也遭到了批評：為了獲得普遍利益而取向於贊同的人，在他決定時就必須已經取向於同一個普遍利益，這個異議涉及規範與決定的程序和實質的「正確性」之間的關係的特殊方面。除此之外，可能還存在對道德規範的可能的其他證成方式的質疑等。②

三、麥考密克的法律論證理論

尼爾·麥考密克（N. MacCormick）的法律論證理論是在《法律推理與法律理論》一書中建構的法律裁決的理論。這種理論包含了兩個層級，第一個層級被稱為演繹證成，也可以稱作一階證成，在該證成中，法律規則和案件事實通過演繹推理就可以得到判決的結論，如果案件事實被認為滿足了法律規則的條件，那麼支持裁決的論證就是演繹上有效的論證。然而，演繹證成僅適用於法律規則清楚、案件事實無誤的簡單案件，並不適用於那些需要解釋法律規則的疑難案件，對於證成疑難案

---

① 羅伯特·阿列克西. 法律論證理論：作為法律證成理論的理性商談理論 [M]. 舒國瀅, 譯. 北京：中國法制出版社, 2002：347.
② 烏爾弗里德·諾依曼. 法律論證學 [M]. 張青波, 譯. 北京：法律出版社, 2014.

件的裁決，還需要訴諸二階證成。實質上，麥考密克的演繹證成對應於阿列克西的內部證成，而二階證成則對應於阿列克西的外部證成。

在演繹證成當中，裁決是依賴於演繹推理的，這意味著存在肯定前件式的推論規則，即「如果 p，那麼 q」，那麼演繹證明所倚賴的論證型式就如：

$p \rightarrow q$

p _____

所以，q

根據以上論證型式，如果存在事實滿足 p，那麼就可以演繹得到結論 q。演繹證成與形式正義論緊密相關，邏輯合理性需要通過形式正式的要求來加以限制，在形式正義的要求下，符合演繹證成的相似案件應當同等對待，以得到相同的判決結果。麥考密克這裡引用的形式正義是羅爾斯所認為的正義理論，形式正義要求人們對同樣的事情同樣對待，對不同的事情區別對待。這種要求至少確定了相關先例的一個假定理由，該假定理由相對來說更正確，儘管缺少普遍認識。形式正義不僅要求有前瞻性，而且要求有訴訟爭議判決的回顧性限制，但實際上在法律推理中是難以實現的，待判案件的解決方式和相似案件先前的判決方式有所不同，因為這並不滿足回顧性要求。麥考密克認同這樣的觀點，法官應該堅持將形式正義的原則當作實現正義，尤其是「依法公正」的最低要求。前瞻性要求比回顧性要求更為緊迫，因為在遵循先例的形式正義和當下事件的實體正義之間的確會存在衝突，這使得難以滿足回顧性要求。

然而，演繹證成存在兩個問題，第一個問題是「解釋問題」，在特

定的情境下，規則可以是模糊不清的，但只有在模糊性消除之後，才可以這樣或者那樣地適用（指演繹推理）。但是消除的過程實際上也是在兩個相互衝突的規則中進行選擇的過程。如何做出正當的選擇的問題就是「解釋問題」所要解決的。第二個問題是「相關性問題」，如果有命題「如果 p，那麼 q」，那麼對於任何包含當下案件事實的 p 和任何包含特別要求的 q，能否在法律上被肯定或否定？也就是說，假如 p 事實可以被證明，那麼是否有相關的法律規則支持該命題呢？

在實證主義和自然法之間有著一個相同的論題，即法律體系有共同的標準，這個標準就是社會的認同，符合這個標準的規則作為該體系的有效規則至少可推定為是充分的（有效性理論）。有效性理論指的是，給定一個有效規則「如果 p，那麼 q」，並且給定 p 已發生，那麼由法律判決得出的 q（法律後果）就是一個正當的結論。如果人們在「如果 p，那麼 q」的這個規則上沒有爭議並且在如何做出合理解釋上也趨向於一致的話，那麼這種形式的應用就依賴於事實 p 真實與否。對事實的認定問題還需要考慮「協調性」的問題。訴訟中的詢問和交叉詢問的全部關鍵在於，使得證人主動表明一個由相關命題組成的協調集，然後，通過交叉詢問，檢驗協調集的內在一致性以及證人的可靠性等。協調性觀念在這一法律證明過程中扮演著核心的角色。

以書中提及的麥克輪南案為例，證成的命題是人工授精這個基本事實是否構成通姦的事實。如果構成的話，那麼這是一個有效事實，也就意味著能夠進行演繹推理，可以得到結論，這個問題需要在解釋問題的框架下加以考慮。如果不構成的話，那麼這是一個二級事實，就無法通過演繹推理得到結論，這個問題就必須在分類問題的框架下加以考慮。

這裡的第一個事實是基本事實，第二個事實在解釋問題中是有效事實，在分類問題中是二級事實。此外，在有些情況下，即使通過解決有爭議的事實問題消除證據的衝突之後，仍然會存在「事實」問題。

如果有確定的事實發生了，就可以推演出一個確定的法律後果（A是事實，B是後果），在有R、S和T的情況下，是否可以證明：這些能夠足以被認為是A事實的事實命題能否使得規則得以適用呢？

上文所說的分類問題還可以表達為：「R、S和T可否被認為是A的事實，從而能夠適用如果A則B的規則？」這裡R、S和T是主要事實或者說是基本事實，A在分類問題中是「二級事實」，在解釋問題中是「有效事實」，而B是由規則所得到的法律結果。要說明的是，第一個箭頭僅是一個事實之間的關聯符號，第二個箭頭是蘊含關係。

在解釋問題中（圖1-1），已經被認定的基本事實R、S和T可以通過解釋得到有效事實A，通過演繹推理，由規則如果A則B得到法律結果B。這裡的事實A是通過法官的人為加工得到的。

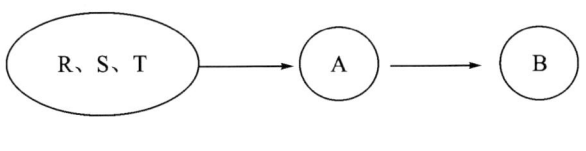

圖1-1　解釋問題

在分類問題中（圖1-2），已經被認定的基本事實R、S和T與二級事實A被明確加以區分，它們是兩類不含必然關係的事實，即R、S和T不能必然地蘊含A事實，因此不能由規則得到法律結果B。這裡的事實A和B都是已被認定的客觀事實，沒有受到人為的主觀加工。

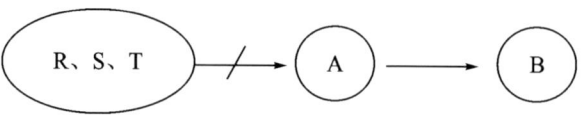

圖1-2 分類問題

在冤假錯案中,審判方可能會把分類問題當作解釋問題來對待,案件被置於解釋問題的框架下,通過將基本事實R、S和T人為解釋成有效事實A,進而由規則得到相應的法律後果B,從而合乎邏輯地強行得出基本事實R、S和T與有效事實A之間的蘊涵關係。這說明分類問題和解釋問題是極其容易混淆的,因而法官在審判時要明確案件屬於何種問題。

在區分從屬於不同種類的問題的案件時,一個明顯的特徵是它們可能都包含了對立的可能事件。究竟是斷定這項規則,還是否定它;是對一項規定做出這種解釋,還是那種解釋;是將R、S和T認定為A的事例,還是認定為不是A的事例。在對立的規則之間做出選擇,並加以論證的過程被稱為二階證成,也就是說,二階證成包含了證明的選擇,即在可能的對立規則之間做出選擇。如果一條規則被證成,那麼它的對立規則被證偽。在相互對立的規則之間做出選擇,也包含在相互對立的社會行為模式之間做出選擇,這就會帶來一個後果主義論證的問題:

首先,這種論證方式要考慮做出這種或那種規則選擇所導致的後果,至少要檢驗各種判決,它關注的是不同判決所帶來的後果。其次,後果主義論證模式在本質上是評價性的,因為它關心的是後果的可接受性和不可接受性。最後,從部分上來說,後果主義論證模式是主觀性的,法官需要在對立的可能規則所造成的後果之間進行權衡,這就需要對不同的評價指標確定不同的權重。

二階證成關心的是在法律制度所存在的這個世界，什麼是合情合理的（有意義的）。後果主義論證在實質上是評價性的和主觀性的，這也是二階證成的第一要素。第二要素是「什麼使得系統（制度）是合情合理的」，也就是，有什麼依據支持法律制度所在的這個系統是合理的？這樣的依據首先需要滿足一致性和協調性。一致性指的是，無論一個給定規則的後果主義理由是多麼令人滿意的，只要它與一些有效的和具有約束力的制度規則相矛盾的話，就不能被採納。協調性的含義比較寬泛，簡單地說，就是一些相互之間沒有任何矛盾的規則組合成一個合理的整體，即要求一個系統內部的規則要互相一致，使得整體上是協調的、合理的。法律論證的協調性要求是因為司法活動是要受到限制的，因而法官們需要遵守法律來實施正義，無權對他們所認為的理想的社會模式進行立法。要說明的是，一致性是協調性的必要條件，但不是充分條件，即滿足協調性一定滿足一致性，但滿足一致性不一定滿足協調性。

由此可知，二階證成包含兩個部分：後果主義論證和在現有法律（系統）制度中滿足一致性和協調性的規則論證。這兩個部分的關係式，符合後果主義的論證可能沒有遵守推理的一般規則，就不符合滿足一致性和協調性的規則論證。而符合滿足一致性和協調性的規則的論證可能得出荒謬或者有異議的結論，那麼就不符合滿足後果主義的論證。

在書中提及的馬伯里訴麥迪遜一案中，國會制定的法律與憲法相違背，由於法院有審查法律的權利以及憲法的最高法律地位的原則，而顛覆這些原則所導致的結果將不被接受，這開創了美國聯邦最高法院審查國會法律的先例。如果司法審查意味著法院可以默許顛覆憲法對立法機

關的立法權力範圍進行限制的話，那麼這個原則將是令人難以接受的。

對於一個成熟的法律系統來說，不同的規則只有連接在一起並從整體上加以考慮才有「意義」。規則有意義是因為它們都要與某些更為一般的規則相一致。例如，協調性要求「只要有理由相信 Q、R 和 S 是真的，而命題 P 與 Q、R、S 是協調的，那麼就有理由相信 P。」這裡 Q、R 和 S 就是更為一般性的規則。如果某個更為一般性的概念被認為是一個合理的、有意義的概念，或者對於指導具體事務來說是正當的標準的話，那麼人們會把這一標準看作是一項「原則」。

如果某個更為一般的規則使得其他與其一致的規則變得有意義，那麼這個更為一般的規則可以稱作「原則」。原則要求規則與其一致，因此在很多具體場合下，原則可以幫助我們解釋為什麼相關規則要予以堅持。原則實為更具一般性的規則，在闡釋原則和規則之間的區別時，麥考密克以此理論還擊德沃金在權利論理論框架下討論原則和規則的聯繫，麥考密克認為德沃金依靠原則來確定權利的思想對原則和規則的問題沒有多大幫助，因而必須超越權利論。

麥考密克希望提出一種理論以突出普遍原則在法律論證中的重要性。普遍原則也類似系統（制度）中的原則可以被改變，方法就是頒布新的法條。法律系統（制度）中「有效規則」的變化過程和原則的變化過程並沒有根本的區別，這意味著原則也可以隨著規則的變化而變化。

麥考密克認為法律規則和法律原則的淵源在於：「法律規則單獨或者在更多情況下與相關規則作為整體，應該被視為旨在實現某個有價值的目的或者維護某個可欲的一般性行為模式的手段——通過某種抽象的

規範性表述，體現達到那一目的的政策的要求或體現維護那個抽象行為模式的可欲性，就可把內涵於該規則以及其他規則中的法律原則體現出來了。」

法律規則和法律原則的區別可以概括為三個方面：①原則有優先程度的問題，一個原則越重要，分量更高，優先適用程度就越高。②原則之間產生衝突，不可能像規則衝突一樣宣布其中一個原則無效，原則只能比較重要性。③規則能夠體現原則的內在要求，體現原則是規則的特徵。

在一些特定的衝突中，每一個原則都可以根據自己的理由適用於已發生的案件。例如，「法院給出任何一種裁判規則或是判決都不是違背法律的」是一個有普遍共識的原則，然而，這種基於原則的論證不是一個充足的或者終結性的論證，也就是說基於原則的論證是必要的，但不是充分的。法律規則之間的一致性和協調性，本身就是一種法律價值和公正的體現，它要求對同等情形同等對待，禁止對不同情形採取專斷的方式。

法律原則的權威性和指導性體現了法律體系（制度）中一種最為重要的價值觀念，即當不存在對立的考量意見時，就可以被視為判決理由。例如，無過錯即無責任。在沒有明顯的強制性規則和先例的情況下，由上所述，適用一項原則是必要的，但並不意味著這是終結性的論證方式。

最後，要說明的是，麥考密克的法律論證理論暗含五種論證形式：

（1）基於規則的論證：強制性、終結性的論證。

（2）基於後果主義的論證：非強制性、非終結性的論證。

（3）基於原則的論證：非強制性、非終結性的論證，但是必要的

論證。

（4）基於類比的論證：類似於基於原則的論證，區別僅在於對原則的解釋清晰程度如何，在解釋相對模糊的情況下適用此論證。

（5）基於先例的論證：對先例進行解釋形成規則，類似基於規則的論證。論證中的規則是從判例當中而來。

一個好的論證應該是（1）（2）（3）論證的結合，（4）（5）是必要條件，（1）是充分條件。除了第一個論證之外，其他論證都多少依賴於人的經驗和價值判斷。

總的來說，麥考密克的法律裁決的證成理論分析了法律裁決的證成過程中可能存在的論證的各種形式。在簡單案件中，法律規則和案件事實都無爭議，適用法律三段論就可以得到結論，證成的過程就是演繹證成。然而，在複雜案件中，法律規則的解釋往往存在爭議，是否適用於案件事實也不明確，因而法官不能根據現有的法律規則，通過邏輯推理證立裁決，因而麥考密克的二階證成理論就為法官解釋制定法或先例中的規則、創設新的規則提供了分析性和規範性理論。

第二節　法律論證和邏輯

一、法哲學進路中的邏輯

法哲學進路的法律論證理論都依託堅實的邏輯基礎，但邏輯只是其法哲學思想中的一部分，而不是全部。法哲學進路大都肯定了邏輯對法律論證理論的基礎作用，以司法三段論為代表的演繹邏輯的作用是無可

替代的，但是同時也都可以看到機械的演繹式思維的缺陷。除了演繹邏輯，歸納邏輯和類比推理等傳統邏輯也進入了法哲學家的視野。值得一提的是，德國法哲學家、法律邏輯學家烏爾里希·克盧格就曾注意到除了命題邏輯之外，還存在形式邏輯中的謂詞演算、類演算和關係演算以及它們在法律推理中運用的可能。[1]

在傳統邏輯的各個分支當中，演繹推理或論證最受法哲學家的關注，而關於類比推理或論證的討論則次之，基於類比推理的法律論證被認為是法律邏輯中的特殊形式。類比推理在法律論證中的應用十分廣泛，在英美法系國家，基於先例的推理就是以類比推理作為邏輯支撐的。從定義上來看，類比推理是根據兩個或兩類對象的某些性質相同，從而推理得到它們的另外一個性質也相同的推理。從類比推理的邏輯特徵來看，一般認為，類比推理是一種由特殊到特殊的推理；類比推理是或然性的推理，即前提的真不能保證結論的真；類比推理是一種擴展性的推理，結論所斷定的範圍大於前提中所斷定的範圍。從形式邏輯的角度來看，類比推理有如下結構：

M 具有 a、b、c、d 屬性

N 具有 a、b、c 屬性

N 具有 d 屬性

在克盧格看來，在法律理論的實踐中，類比推理主要出現在將法條適用於既定法律案件的情形之中。通常情況下，當某條為特定構成要件而設的法條被適用於另一個不同的構成要件，而它與前一個構成要件在

---

[1] 烏爾里希·克盧格. 法律邏輯 [M]. 雷磊, 譯. 北京：法律出版社, 2016.

本質關係上相一致時，就可以說是在類推適用這一法條。① 類比推理的簡單結果還可以表示如下：

大前提：M 是 P

小前提：S 與 M 相似

結論：　　S 是 P

根據一階謂詞邏輯，大前提和結論容易重寫為謂詞公式：

大前提：（x）（M（x）→ P（x））

結論：（x）（S（x）→ P（x））

又因為 S 與 M 相似在實質上是一種關係邏輯，克盧格定義了一種表示屬性的謂詞 N（·），它表示擁有屬性 N。

因而，小前提可以重寫為謂詞公式：

小前提：（x）（S（x）→ N（x））

小前提還可以讀作：「對於所有 x 而言，只要 x 擁有屬性 S，x 就擁有屬性 N。」因而，整個類比推理的結構可以表示如下：

$$\{[(x)(M(x)\to P(x))]\&[(x)(S(x)\to N(x))]\}\to[(x)(S(x)\to P(x))]$$

克盧格熟悉現代邏輯的發展，他還使用類演算和關係演算來重述了類比推理的結構。如果用 α 來表示那些擁有屬性 S 的類 x，用 β 來表示那些擁有屬性「與 M 類似」的類 x，用　來表示那些擁有屬性 M 的類 x，用　來表示那些擁有屬性 P 的類 x，那麼類比推理的類演算公式可以表達如下：

$$[(\alpha\subset\beta)\&(\gamma\subset\delta)]\to(\alpha\subset\delta)]$$

---

① 烏爾里希·克盧格. 法律邏輯［M］. 雷磊, 譯. 北京：法律出版社, 2016：150.

克盧格還將這種類演算應用於解釋《德國民法典》當中的買賣合同的法條。《德國民法典》第 433 條及以下關於買賣合同的條款本身只調整有償的財產物轉讓，但以類比的方式在整體上也適用於有償的商業轉讓，包括客戶轉讓在內。為了套用類比推理的類演算公式，首先要假定 α 是目標在於有償商業轉讓的合同的這個類，β 是與買賣相似的合同這個類，γ 是買賣合同這個類，而 δ 是《德國民法典》第 433 條及以下條款所適用的那些契約的這個類。①

根據假設和以上類演算公式，就不難得到：「只要目標在於有償商業轉讓的合同是與買賣相似的合同，而買賣合同或與買賣相似的合同適用於《德國民法典》第 433 條及以下條款，那麼目標在於有償商業轉讓的合同就適用於《德國民法典》第 433 條及以下條款。」②

無疑，以克盧格為代表的法哲學家和法律邏輯學家已經充分挖掘了傳統邏輯作為法律邏輯的意義和價值，但是，以演繹邏輯、歸納邏輯和類比推理為代表的傳統邏輯仍然無法刻畫法律推理和法律論證的特徵，例如，法律語言的模糊屬性、證據的概率屬性、法律命題的義務屬性、法律推理的可廢止屬性等。這意味著法律論證的邏輯研究還需要更加現代化的邏輯工具。

二、法律論證的邏輯特徵

現代邏輯的發展產生了龐雜的邏輯分支，根據斯坦福哲學百科的分類，邏輯學已經在經典邏輯之外發展了諸多邏輯分支，主要包括非單調

---

① 烏爾里希·克盧格. 法律邏輯 [M]. 雷磊, 譯. 北京：法律出版社，2016：180.
② 烏爾里希·克盧格. 法律邏輯 [M]. 雷磊, 譯. 北京：法律出版社，2016：181.

邏輯（缺省邏輯、可廢止邏輯等）、現代歸納邏輯、模態邏輯、道義邏輯、時態邏輯、雜交邏輯、模糊邏輯、概率邏輯、相干邏輯、子結構邏輯、認知邏輯、動態認知邏輯、自由邏輯、弗協調邏輯、直覺主義邏輯、對話邏輯、內涵邏輯、多值邏輯、行動邏輯、人工智能邏輯、邏輯與博弈、邏輯與信息、條件句邏輯、信念更新的邏輯等。法學家和邏輯學家關注到一些邏輯分支的特性與法律推理或法律論證的特性相對應，例如，表達法律語言模糊屬性的模糊邏輯，表達法律證據的非精確性的多值邏輯和概率邏輯、表達法律義務屬性的道義邏輯、表達法律推理的可廢止性的非單調邏輯等。儘管如此，這些邏輯分支並不完全適用於刻畫法律論證，這是由於這些邏輯分支的表達能力不能很好地處理法律論證的特徵，法律論證的特徵既有社會生活中一般論證的普遍特徵，又具有自己獨特的個性，由於這些特徵是邏輯學所要刻畫的理性特徵，本書又將這些特徵稱作法律論證的邏輯特徵。

（1）法律論證是一個不斷擴充及更新知識庫的過程，為建模法律推理過程中的知識獲得、表達及應用提供了可連結的資源，並且知識庫中的信息是可以得到不斷修正。

（2）法律論證的實踐是一個開放的過程。大多數法律概念、法律規則是可廢止的，本質上都是訴諸例外的，並且基於規則和案例的推理都是非單調的。

（3）法律論證既是容錯的也是允許不一致信息存在的。尤其是在法律推理中關於證據、適用規則、適用先例等都可以存在不同的觀點。

（4）法律活動為存在異議的對話或爭論設置了公平嚴格的論辯程序，並且對程序實施的規則及其他要求有清晰嚴格的定義。

（5）法律論證中的證明責任與證明標準將法律論證與日常論證區分開來並用於判定法律論證的好壞。①

法哲學進路視域下的演繹邏輯、歸納邏輯和類比推理的邏輯都無法刻畫法律論證的以上特徵，這是由於法哲學家的視野沒有跟上邏輯學及其在社會科學中的應用研究的發展，近代邏輯學的迅速發展為刻畫法律論證的以上特徵提供了新的契機。緊接著的問題是在邏輯學龐大的分支或邏輯學圖譜中，究竟何種邏輯適用於刻畫法律論證的以上特徵呢？這是本書首先要回答的問題。

第三節　何種法律論證的邏輯

由於傳統邏輯應用於法律論證理論的缺陷，催生了新的替代理論。其中，最具有代表性和開創性意義的理論是由圖爾敏提出的「法學的一般化」的論證模型，後人稱之為「圖爾敏模型」。這種模型在反形式主義陣營中受到推崇，隨之也產生了以圖爾敏模型為重要理論淵源的新理論，例如，非形式邏輯的發展就深受圖爾敏的論證理論的影響。但是，圖爾敏模型作為一種邏輯而存在的說法仍然受到質疑；如果它是一種邏輯，那麼它與現代邏輯之間又有什麼關係？這些問題都會影響到它作為一種什麼樣的理論去影響法律論證理論。

圖爾敏模型被認為是非形式邏輯的奠基性理論，該模型的基本組成

---

①　梁慶寅，魏斌.法律論證適用的人工智能模型［J］.中山大學學報（社會科學版），2013，53（5）：118-228.

包含六個要素：主張（claim）、根據（data）、保證（warrant）、支援（backing）、模態限定詞（qualifier）和反駁（rebuttals）。其中，主張（C）是一個斷言（assertion），圖爾敏認為主張（結論）是我們所尋求確定的價值，它不同於我們所訴求的作為支持某個主張的基礎的事實。如果一個主張被挑戰，那麼我們必須能夠確定它，也就是使其成為好的論證並且展示它是被證成的，這意味著需要引用事實作為支持該主張的基礎，這類事實就是根據（D）；在應對可能的挑戰之後，圖爾敏認為下一步不是繼續給出新的根據，而是需要一類規則、原則或受認可的推論，任務是展示從以根據為基礎到主張或結論的步驟是恰當和合理的，因而還需要一般或假設性的命題，它可以起到連接根據和主張的橋樑作用，通常可以簡寫為「如果 D，那麼 C」的形式，這樣的一類命題就被稱為保證（W）；又由於保證有多種類型，因而可能會賦予其所證成的結論以不同的支持程度，那麼在受到條件、特例或資格限制的情況下，存在一些保證使得人們只能暫時性地從根據中得到結論，在這些情況中，就要使用如「可能」和「大概」等模態量詞，因此就需要增加一個限定詞（Q）；在圖爾敏看來，模態限定詞和反駁或例外的條件區別於根據和保證，因而在論證型式中需要一個獨立的位置，反駁（R）的條件指示的是一種不得不駁回保證的環境，這意味著它能夠擊敗或反駁被保證的結論；最後，人們或許會被問及為什麼保證應當被接受或者它為什麼是具有保證效力的，那麼就應當增加一個對保證的支援（B）。[①]
圖爾敏模型的結構表示如圖 1-3 所示：

[①] TOULMIN S. The uses of argument [M]. Cambridge: Cambridge University Press, 2003.

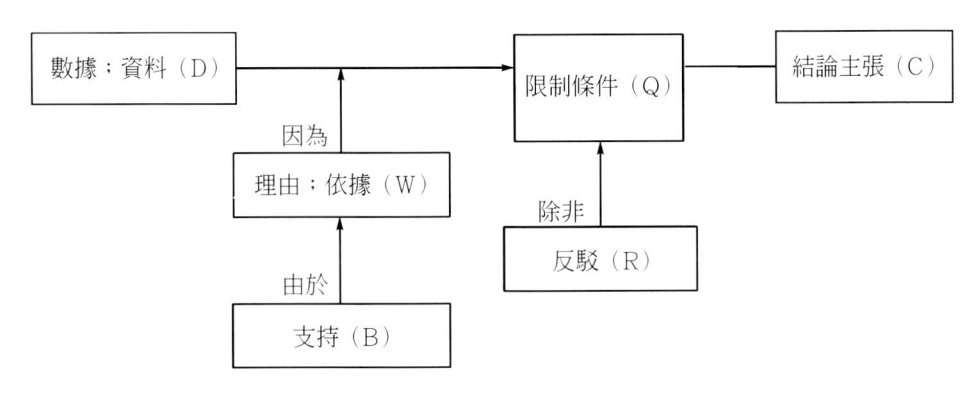

```
┌──────────────┐        ┌──────────────┐      ┌──────────────┐
│ 數據；資料（D）├───────▶│ 限制條件（Q）├─────▶│ 結論主張（C）│
└──────────────┘        └──────────────┘      └──────────────┘
              因為             ▲
        ┌──────────────┐       │除非
        │ 理由；依據（W）│     ┌──────────────┐
        └──────────────┘      │   反駁（R）   │
              ▲               └──────────────┘
              由於
        ┌──────────────┐
        │   支持（B）   │
        └──────────────┘
```

圖 1-3　圖爾敏模型

　　非形式邏輯自誕生伊始就因「邏輯學科歸屬問題」而引發了一場曠日持久的爭論。形式邏輯學家認為邏輯學是基於邏輯後承關係的形式理論，因而研究人們日常生活中論證實踐的非形式邏輯不被認為是邏輯。然而，非形式邏輯的先驅圖爾敏（Toulmin）在被稱為「邏輯學禁書」的《論證運用》一書中辯護了其理論的邏輯品質，他質疑演繹有效性標準束縛下的論證研究脫離了日常生活中的論證實踐，沒有突出自然論證的動態性和程序性，因而提出了影響深遠的論證的法學一般化模型，後人又稱之為圖爾敏模型。然而，國際著名邏輯學家、荷蘭斯賓諾莎獎得主範本特姆（Johan van Benthem）於 2009 年在推理和論證雜誌《Cogency》發表了論文《一位邏輯學家的論證觀》①，他在文中指出以圖爾敏模型為代表的非形式論辯理論的理論特質在於突出了日常論證實踐的動態性和程序性等特點，但是邏輯學在過去幾十年也經歷了一個實踐式轉變，如動態邏輯、對話邏輯和形式論辯術等人工智能邏輯分支同樣擅長表達和刻畫這些屬性，因此他認為圖爾敏的論證理論排斥形式化

―――――――――
①　BENTHEM J VAN. One logician's perspective on argumentation [J]. Cogency, 2009, 1（2）：13-26.

方法的說法並不成立。

範本特姆對圖爾敏論證理論的評價在一定程度上洞見了非形式邏輯的本質，非形式邏輯關注日常生活中的論證分析、評價、解釋和批評，它的特點不僅體現了論證實踐的動態性和程序性，還體現了論證情境依賴的語用特點，然而，並不能因此忽視形式邏輯在表達這些特點方面同樣突出的表現。儘管兩者在研究的手段和方法上有所不同，但是由於非形式邏輯和人工智能邏輯有著共同的研究對象，都關注如何得到一個「好」的論證，因而非形式邏輯的動態性和程序性同樣是現代邏輯的刻畫目標，這就意味著非形式邏輯並沒有超越形式邏輯的研究範圍。形式邏輯由於其精確的表達能力，適用於刻畫非形式邏輯的諸多研究內容，尤其對於一些概念的刻畫要更加清晰和準確。實際上，非形式邏輯學家和形式邏輯學家已經開始了富有成效的合作，一些非形式論辯理論已經被應用於人工智能領域。對於非形式邏輯本身而言，形式化的方法對於深化其理論研究也有所幫助。

同樣在 2009 年，由拉赫曼（I. Rahwan）和斯馬里（G. Simari）主編的《人工智能中的論辯理論》一書收錄了從不同視角研究論辯的人工智能模型的代表性論文[1]，這一研究方向（又稱為形式論辯理論）從 20 世紀 90 年代末開始逐漸形成了人工智能研究的一個新興領域，它也是目前國際人工智能雜誌論文引用數最高的領域之一，當前的研究主題也已經從最初的抽象論辯語義擴展到對話理論、論證語義的複雜性、論證理論的應用（如法律論證的人工智能模型）等。值得一提的是，範

---

[1] RAHWANI I, SIMARI G. Argumentation in artificial intelligence [M]. Berlin: Springer, 2009.

本特姆受邀請為該書作序，他在序中簡述了形式論辯理論的誕生和發展歷程並且期待形式邏輯學家和非形式邏輯學家繼續深化合作。由此可見，範本特姆已經意識到非形式論辯理論和人工智能融合的必要和可能，然而，一個重要的問題是，範本特姆沒有回答非形式論辯理論的哪些內容是可以被人工智能所刻畫的，以及如何被刻畫的問題。本書認為人工智能能夠表達和刻畫非形式邏輯的部分理論成果，集中在多種非形式邏輯的共性內容。本書將通過兩個步驟回應以上問題，第一步在梳理非形式邏輯的三種代表性理論的基礎上，概括其共同關注的研究對象和理論成果。第二步對哪些內容可以被人工智能所刻畫展開討論，也就是形式論辯理論具體做了哪些形式化研究。

第二章　法律論證適用的論證邏輯

在法哲學的浩瀚歷史中，形式主義法學的歷史困局誤讀並剝離了法律與邏輯的天然聯繫，然而機械的演繹邏輯觀忽視了法律的開放屬性，法律邏輯需要一種動態和發展的邏輯觀。論證邏輯是一種天然的法律邏輯，它善於理解並表達法律的理性特質，包括法律推理的可廢止性、法律論證的論辯屬性和法律對話的程序理性等。不同於基於後承關係的邏輯，論證邏輯在實質上是一類關於非形式邏輯和可計算論辯理論的概括性統稱。它的目的是為法律論證實踐提供了一種分析、比較和評估論證的綜合方法，從而在證成司法證明和規範法律程序等方面發揮作用。

第一節　邏輯之於法律概觀

法律與邏輯的淵源最早可以追溯到古希臘時期，「論辯術」作為早期的邏輯形態被運用於庭審中的對話，亞里士多德的《論題篇》和《辯謬篇》都有與論辯理論相關的探討。綜觀西方法理思想的發展史，邏輯與法律從始至終都緊密聯繫，諸如自然法學派、形式主義法學派以及分析實證主義法學派等都將邏輯視為法律的根基，甚至是法律的生

命。以蘭德爾（C. C Langdell）為代表的形式主義法學派更是極度推崇亞氏三段論及公理化方法在法律中的作用。受到實證主義思潮和自然科學的啟發，蘭德爾將法律看作是一門科學並且試圖構建一個由法學概念、法律規則和法律原則構成的邏輯自洽的法律形式系統，法律規則可以從被視為公理的法律原則中推導出來。然而，遺憾的是當時傳統的演繹邏輯工具以及被寄予厚望的歐式幾何公理無法支撐一個嚴格的形式公理系統。這一純粹的機械演繹主義還在根本上遭到了大法官霍爾姆斯（O. W Holmes）的嚴厲批判，他認為法律系統不能被完全理解為一個包含公理及推論的數學系統，其著名法律命題「法律的生命不在於邏輯，而在於經驗」擊潰了形式主義學派企圖一勞永逸的假想，這也間接使得「形式主義」後來成為法學術語中鮮有的貶義詞，它甚至一度影響到邏輯學在法學研究中的地位。

理查德·A. 波斯納（Richard A. Posner）曾經說過：「過分地使用三段論推理是霍爾姆斯所批判的那種牌號的法律形式主義的最根本特點。」① 顯然，備受責難的法律形式主義所倚賴的邏輯工具是以三段論為代表的傳統演繹邏輯，它的評估標準是前提真而結論不能為假的有效性標準。然而，法律的開放屬性、法律推理的可廢止屬性等諸多特質決定了演繹邏輯並不完全適用。例如，演繹邏輯不容許結論超出前提的斷定範圍，應用於法律推理，就意味著法律後果不允許超出法律規則的溯及範圍，那麼應當被遵循的法律規則必須毫無例外地適用於所有個案。然而，真實的司法活動卻並非如此，法學概念和法律規則可能存在例

---

① 理查德·A. 波斯納. 法理學問題 [M]. 蘇力, 譯. 北京：中國政法大學出版社, 1994: 52-53.

外。這裡引用哈特（H. Hart）和富勒（L. Fuller）之間論辯的例子，即公園管理辦法規定：「不允許車輛進入公園」①。根據演繹邏輯的推理形式，任何符合車輛這個概念內涵的個體對象都必須遵守這條規則。但是，當救護車需要進入時，如果一味機械地堅持演繹邏輯，將使得結論脫離甚至違背制定這條法律規則原本的立法意願。

然而，無論是推動反形式主義運動的霍爾姆斯，還是後來將反形式主義運動擴大化、推崇「直覺優於邏輯」的現實主義法學流派都未能預見未來邏輯學的巨大變革給法律帶來的新面貌。美國邏輯學家、法學家哈克（Hacck）就認為這種由對機械演繹主義的批判轉而全面否定邏輯作用的論斷具有明顯的時代局限性，她主張邏輯對於法律而言的意義，是部分，而不是全部。② 現代邏輯的發展史表明，將邏輯看作僅是演繹邏輯實則是對邏輯的狹隘理解，這種觀點的形成也是由於受到了當時邏輯學發展狀況的限制。儘管如此，幾乎在同一時期，弗雷格（G. Frege）和皮爾士（C. Peirce）就已經開始了邏輯演算以及關係邏輯的研究工作，而這種邏輯演進的變化顯然沒有引起法學家的注意，儘管霍爾姆斯本人深受邏輯學家皮爾士所開創的實用主義哲學的影響。邏輯學在哥德爾時代之後，也開始呈現出多方向發展的強勁勢頭，適用於刻畫法律理性活動的邏輯分支也相繼產生，這包括刻畫法律規範命題及其推理的道義邏輯、刻畫法律模糊屬性的模糊邏輯、刻畫法律可廢止推理的理由邏輯等。

---

① HART H L A. Positivism and the separation of law and morals [J]. Harvard Law Review, 1958, 71 (4): 593-629.

② HACCK S. On logic in the law:「Something, but not all」[J]. Ratio Juris, 2007, 20 (1): 1-31.

邏輯學是研究如何把好論證與壞論證區別開來的科學①，因而，邏輯作用於法律主要體現在刻畫法律推理和法律論證，這就要求法律的邏輯應當能夠描述法律推理和法律論證的特點，這些特點至少包括：首先，法律推理和法律論證並非封閉的機械演繹，而是一個開放的思維過程。大多數法學概念和法律規則可以存在例外，如「救護車」就是前述公園管理規定中的「車輛」概念的一個例外。這類開放性特點還源於法律語言自身的開放結構和模糊特點，加之立法者無法預見所有未來可能出現的個例，但這卻使得法官在審判時可以留有自由裁量的餘地。其次，法律推理和法律論證在本質上是可廢止的。直觀地說，法律推理和法律論證的過程是可以被終止的，這是由於可以允許衝突意見的存在，體現形式可以是反對證據、不相容法律規則和適用先例等。最後，法律論證有嚴格的論辯程序，定義有清晰的言語規則和交流語言，如舉證責任規則就規定：如果訴訟一方不能提出證據或提出了證據但達不到相應的證明標準，那麼將承擔其主張不被接受的後果。這些法律的理性特質顯然已經超出了演繹邏輯的刻畫範圍，法律推理和法律論證的實踐需求迫切呼喚一種新的邏輯形態，使得其特點能夠被理想地表達。

第二節 論證邏輯——一種天然的法律邏輯

如前文所述，邏輯之於法律的困惑是：何種邏輯適用於表達法律的理性特質呢？佩雷爾曼（C. Perelman）給了我們啟發：「顯然，由於法

---

① 熊明輝. 訴訟論證——訴訟博弈的邏輯分析［M］. 北京：中國政法大學出版社，2010.

律的模糊性、自相矛盾與漏洞的存在，不可能有純粹的演繹推理——它假定存在清晰的法律文本或只需要簡單地直接適用的規則——來給法官提供法律上的解決方案，只要法官不想擔上拒絕審判的罪名，他就有義務給出解決方案。只有求助於論辯，法官才能為其裁決的正當化論證提供充分的理由。」① 在他看來，法律推理是實踐推理的一個精致個案，它區別於演繹的形式證明，是一種旨在說服競爭者的論證實踐。圖爾敏（S. Toulmin）捍衛並奠定了論辯理論的邏輯學地位，他認為邏輯學的本質應當迴歸到人們的情境化的論證實踐中，而不是追求普遍性和有效性的純形式化理論，他甚至呼籲：「只有將我們的邏輯理論在真實的論證實踐中進行檢驗，而不是僅參照於某些哲學家的理想理論，我們才能最終建構起一幅新的邏輯學圖景。」② 論證理論發展到當代，已經形成了論證研究的兩個方向：一種是研究人們日常論證活動的非可計算論辯理論；另一種是人工智能視野下的可計算論辯理論。論證理論又被認為是一種新的邏輯形態，一些邏輯學家冠之以論證邏輯（logic for argument/argumentation）之名，但不同領域的邏輯學家對何謂論證邏輯的看法卻有所不同，這使得論證邏輯所指成為一個頗具爭議的論題。

第一種觀點認為，論證邏輯就是非形式邏輯。西方學者布洛克里德（W. Brockriede）和埃寧格（D. Ehninger）認為：「圖爾敏方法是探究一種當代的、動態的和綜合的新論證邏輯的開端。」③ 圖爾敏方法指的是圖爾敏在《論證的運用》一書中提出的一種法學的一般化模型，後

---

① 查伊姆·佩雷爾曼. 法律推理［M］//陳金釗. 法律方法. 濟南：山東人民出版社，2003：139.
② TOULMIN S. The uses of argument［M］. Cambridge：Cambridge University Press, 1958.
③ BROCKRIEDE W B, EHNINGER D. Toulmin on argument：An interpretation and application ［J］. Quarterly Journal of Speech, 1960, 46（1）：44-53.

人稱之為「圖爾敏模型」，非形式邏輯學家普遍認為圖爾敏方法是非形式邏輯研究的奠基性理論。中國學者武宏志在《法律邏輯和論證邏輯的互動》一文中也認為：「法律邏輯和論證邏輯（非形式邏輯）的互動，應成為推進法律邏輯、深化論證邏輯研究的一個方向。」[1] 他認為論證邏輯的研究對象是自然語言論證，而非形式邏輯恰是一種以自然語言研究日常論證實踐的理論。以非形式邏輯的兩個主流理論為例，阿姆斯特丹學派的語用論辯理論（pragma-dialectical theory）在語用情境下開啓了對批判性討論的「論辯化」道路，它將批判性討論的過程分為對抗、起始、論證和結束四個階段，提出了普遍適用的十條規則，引入了策略性操縱理論作為連接論辯與修辭的橋樑。北美非形式邏輯學家沃爾頓的新論辯術（new dialectic）同樣是在語用背景下圍繞情境化對話展開「論辯化」的論證理論，他將對話區分為六種不同的類型，討論了對話的基本規則和特殊規則。概括而言，非形式邏輯突出了自然論證實踐的論辯和語用特點，注重其理論在法律論證等領域的應用研究。

　　另一種觀點認為，論證邏輯就是可計算論辯理論。荷蘭邏輯學家普拉肯和弗雷斯維克（G. Vreeswijk）在邏輯學權威工具書《哲學邏輯手冊》中將論證邏輯看作是一類關於可計算論辯理論的概括性統稱，他們將研究可廢止論證的可計算論辯理論稱作「可廢止論證邏輯」。[2] 可計算論辯理論發跡於20世紀90年代初，它革新了傳統的非單調推理研究，最有影響力的奠基性成果是1995年Dung在《人工智能》雜誌上

---

[1] 武宏志. 法律邏輯和論證邏輯的互動 [J]. 法商研究, 2006（5）: 153-160.
[2] PRAKKEN H, VREESWIJK G. Logics for defeasible argumentation [M] // GABBAY D, GUENTHNER F. Handbook of Philosophical Logic. Dordrecht: Kluwer Academic Publishers, 2002: 221.

發表的《論證的可接受性及其在非單調邏輯中的基本作用》①，該文提出了具有標誌性意義的抽象論辯語義。然而，一些邏輯學家卻認為可計算論辯理論缺少邏輯後承的概念，因此並不認同給其貼上邏輯的標籤。普拉肯和弗雷斯維克的邏輯觀則認為邏輯應當是以保證（warrant）為評估標準的，即判定何種程度是足以理性接受邏輯結論的。② 在論證實踐中，由於信息的不完全性，人們可以在缺省狀態下接受不被前提所確定保證的結論。因而，從這個角度來看，可計算論辯理論是作為邏輯的。值得一提的是，可計算論辯理論已經成為人工智能領域發展得最為迅速的一個方向，同時，可計算論辯理論在法律中的應用也取得了豐富的成果，人工智能與法（AI and Law）的交叉研究在誕生之初就是以法律論證的形式化建模為主題的，而且至今它仍然是國際人工智能與法研究的熱點問題之一。

綜上所述，非形式邏輯學和可計算論辯理論都有著論證邏輯的一面，兩種理論代表了論證研究的兩個不同層面。一方面，非形式邏輯是一種直觀的程序性的檢驗方法，它受到日常論證實踐的啓發，為論證的分析、比較和評估提供了一般的程序理論，其特點是側重表達論辯和語用特點，關注聽眾等修辭因素；另一方面，可計算論辯理論並非是基於邏輯後承關係的，而是包含一種非單調的基於論辯的推論，它建構了一種精確的、可操作的評估理論，偏向於研究複雜論辯環境下論證間的攻

---

① DUNG P M. On the acceptability of arguments and its fundmental role in nonmonotonic reasoning, logic programming and n-person games [J]. Artificial Intelligence, 1995, 77 (2): 321-357.

② PRAKKEN H, VREESWIJK G. Logics for defeasible argumentation [M] // GABBAY D, GUENTHNER F. Handbook of philosophical logic. Dordrecht: Kluwer Academic Publishers, 2002: 222.

擊和辯護關係，評估人們對論證的可接受性程度。那麼，緊接著出現的問題是，能否準確定義一種具有標準邏輯品質的論證邏輯呢？如前文分析，所謂的論證邏輯只是一種概念性概括，實質上並不存在一種嚴格意義上的論證邏輯。因而，並不能夠以一種現代邏輯的標準（如包含邏輯後承關係）來定義它，通常論證邏輯還與其他的邏輯分支（如可廢止邏輯）混合生成新的邏輯形態，或者說，它更像是一種應用的邏輯。儘管如此，雖然難以依照現代邏輯的標準對其精確定義，但是仍可以對其做一個概括性描述。

「論證邏輯」是研究如何分析、比較和評估論證的邏輯理論，其核心的評估理論在論證有效性標準的基礎上提出了可接受性、充分性和相關性等補充標準。論證邏輯包含了兩個層面：一是刻畫自然論證活動的非可計算論辯理論，關注自然人的論證活動，以非形式邏輯為代表；二是刻畫抽象論辯活動的抽象論辯理論，關注人工主體的論證活動，以可計算論辯理論為代表。兩種理論間的關係是：抽象論辯活動來源於人們的自然論證活動，因而可計算論辯理論是對自然論證活動的抽象化和概括化；論證邏輯的形式化研究的靈感部分來源於非形式化研究，而形式化研究給予了非形式化研究一種準確而精緻的補充視角。

為了在有限的篇幅內盡可能全面地展示論證邏輯的兩個層面，本書選取了一些典型的理論並且將作簡要展示。一方面，在非形式邏輯領域，最具有代表性的理論包括沃爾頓的新論辯術、愛默倫等的語用論辯術、約翰遜的語用論證理論，從廣義非形式邏輯的視角來看，還包括圖爾敏的論證理論和佩雷爾曼的新修辭學等；另一方面，在可計算論辯理論領域，最具有代表性的理論包括Dung氏抽象論辯理論、普拉肯等的

可廢止論辯模型和結構化論辯模型、戈登等的卡爾尼德斯模型、貝克斯的論證與故事的混合模型等。

這些理論的組成結構展示如圖 2-1 所示。

```
              ┌ 非形式邏輯 ┬ 沃爾頓的新論辯術
              │           ├ 愛默倫等的語用論辯術
              │           ├ 約翰遜的語用論證理論
              │           ├ 圖爾敏的論證理論（廣義）
              │           ├ 佩雷爾曼的新修辭學（廣義）
論證邏輯 ┤           └ ……
              │
              │            ┌ 抽象論辯理論
              │            ├ 可廢止論辯模型
              └ 可計算論辯理論 ┼ 結構化論辯模型
                           ├ 卡爾尼德斯模型
                           ├ 論證與故事的混合模型
                           └ ……
```

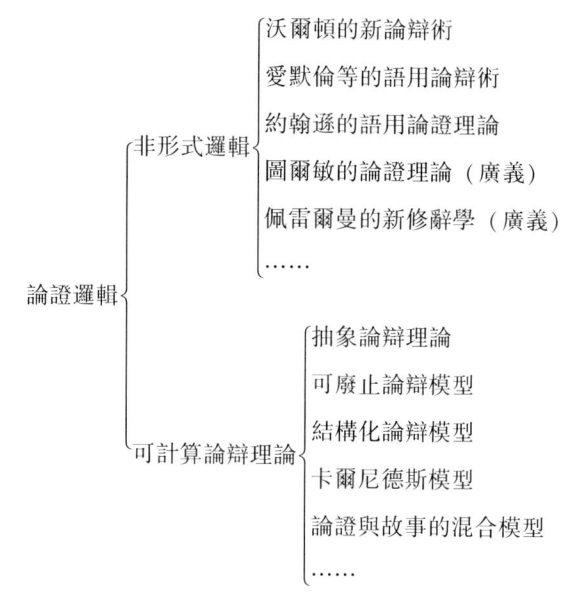

圖 2-1　論證邏輯分支結構圖

第三節　論證邏輯之於法律

論證邏輯在刻畫法律的理性特質上有著天然的優勢，正是法律的開放屬性賦予了論證邏輯施展的空間。首先，法律論證是可廢止的，這往往體現在法學概念和法律規則的可廢止性上。一個法學概念的定義無法預測和包含所有可能的外延對象，作為前提的法律規則也同樣無法適用於所有的個例，它們的適用範圍、合法性和有效性都可能承受爭議。論

證邏輯研究了處理特例的方法，如普拉肯就試圖通過表達例外句子的方法來表達特例。① 其次，論證邏輯允許推理和論證的前提受到質疑，可以存在衝突的法律規則和法律原則。例如，規則「車輛禁止進入公園」可以重構為論證中的可廢止規則「如果 X 是車輛，那麼通常情況下 X 被禁止進入公園」，那麼如果存在車輛 a 是特例「救護車」，將使得規則不再適用，原來的結論也將被廢止。最後，論證邏輯提出了不同論證情境下的程序理論，預設了「論辯化」展開的階段，明確了論辯性義務，探討瞭解決意見爭端的一般化或情境化的規則。例如，沃爾頓就認為法庭論辯就是一種說服型對話，因而適用於其新論辯術理論。在具體應用方面，論證邏輯作用於法律主要體現在兩個實踐領域：一是發現和證成事實主張的司法證明；二是保證法律程序正義性的規範理論。

司法證明的目的是發現和證成案件事實主張，論證邏輯在認定案件事實的研究中主要是應用於分析、比較和評估證明案件事實主張的論證。在非形式邏輯方面，圖爾敏模型為證成事實主張提供了一個一般化的法學論證模型，非形式邏輯學派重點建構的論證結構理論和論證圖式理論在證據推理中發揮了重要作用。然而，除了實踐推理的規範化方法，司法證明研究還要更多地訴諸精確的方法，那麼就體現了可計算論辯理論的優勢。2012 年，權威期刊《人工智能與法》特設了一期與司法證明相關的專欄，刊載了多個可計算論辯理論應用於研究真實案例（Popov 訴 Hayashi 案）的文章。② 這些研究涉及司法證明的諸多內容，

---

① PRAKKEN H. Logical tools for modelling legal argument: A study of defeasible argumentation in law [M]. Dordrecht: Kluwer Academic Publishers, 1997.

② ATKINSON K. Introduction to special issue on modelling Popov v. Hayashi [J]. Artificial Intelligence and Law, 2012, 20 (1): 1-14.

主要包括：衝突論證的解決、法律論證的結構、證明責任和證明標準等。以證明標準為例，戈登（T. Gordon）與沃爾頓遞歸定義了四個標準：「如果命題至少被一個主張論證所支持，那麼該命題滿足微弱證據標準；如果命題的主張論證的權重優於反對論證的權重，那麼該命題滿足優勢證據標準；確信證據標準不僅僅要求主張論證的權重優於反對論證，而且兩者的差值必須超過某個臨界值；排除合理懷疑的標準不僅僅要求論證是確信的，而且要求所有反對論證的權重都低於某個臨界值」[1]。這類形式化定義精準地表達了證明標準的內涵，還為判定刑事和民事訴訟證明的證明責任提供了精確的判斷依據。

在真實的案件事實認定過程中，由於重大刑事案件中證據等要素的複雜性，犯罪構成要件的事實和重要情節往往不易被釐清，正確地把握證據和待證案件事實之間的邏輯關係就顯得十分重要。論證邏輯主要在三個方面發揮作用：一是分析理論，它研究證明和反駁案件事實主張的論證的結構。例如，作為前提的證據是如何支持作為結論的事實主張，是可以單獨支持結論還是要和其他證據一同聯合支持結論？論證邏輯構造的結構化論證框架就可以有效地刻畫論證的內部組成結構。二是比較理論，它研究論證是如何質疑或反駁其他論證的。例如，普拉肯發展的「ASPIC+」框架給出了三種攻擊方式：攻擊前提的破壞者（underminer）、攻擊可廢止推論關係的中斷者（undercutter）以及攻擊結論的反駁者（rebutter）[2]。三是評估理論，它研究如何評估論證的可接受性，從而評

---

[1] GORDON T F, WALTON D N. Proof burdens and standards [M] // RAHWAN I, SIMARI G R. Argumentation in artificial intelligence. Berlin: Springer, 2009.

[2] PRAKKEN H. An abstract framework for argumentation with structured arguments [J]. Argument and Computation, 2010, 1 (2): 93-124.

估案件事實主張是否得到了證成。例如，波洛克（J. Pollock）的形式語義就研究了被證成、被否決和可防禦三種證成狀態，從而反應命題由強到弱的可接受性。一些學者還認為若干種證成狀態無法表達人們對命題和論證的可信度的漸進式特點，因而提出了基於概率或證成度的評估方法。例如，由普拉肯和維黑雅（B. Verheij）領銜的荷蘭自然科學基金「基於論證和敘事理論的法庭貝葉斯網絡設計和理解」項目小組就連續發表了多篇結合貝葉斯網絡和可計算論辯理論的研究論文。

　　法律程序正義是司法公正的必經之路，而法律對話的程序正義是其必要的組成部分。論證邏輯作用於法律對話程序是通過設置程序性規則來規範法律程序，一些程序性規則本身是從法律條文或證據規則中衍生而來的。在可計算論辯理論方面，戈登的訴訟博弈模型和洛德（R. Lodder）的 DiaLaw 模型在實質上是關於論證的博弈模型，普拉肯的論證博弈模型是一個關於可廢止論證的博弈框架，這些理論所研究的證明責任分配、言語行為、承諾規則和交流語言等要素是規範法律對話的程序理論的重要內容。[①] 例如，言語行為規範了論辯雙方的哪些行為是有效的；證明責任分配決定了論辯雙方在什麼時候需要給出言語行為；承諾規則記錄了論辯雙方承諾的動態變化；交流語言規範了論辯雙方應當如何給出言語行為。比較而言，非形式邏輯在研究程序性理論方面提出了更為直觀和實用的理論，它們或多或少受到了哈貝馬斯的實踐商談理論和阿列克西的程序性法律論證理論的影響。以新論辯術為例，法律對話被看作是一種說服型對話，這種對話始於對話雙方的觀點衝突，目的

---

① PRAKKEN H. Logical tools for modelling legal argument: A study of defeasible argumentation in law [M]. Dordrecht: Kluwer Academic Publishers, 1997.

是解決或澄清問題，論辯雙方的目的是說服對方接受自己的觀點。沃爾頓認為：「根據新論辯術，審判的核心注定是說服型對話。至少，審判方應該按照說服型對話的標準和方法來評價論證。」① 說服型對話可以借鑒語用論辯理論關於批判性討論的程序理論，這是因為語用論辯理論應用於法律對話的程序理論研究具有代表性，而在沃爾頓看來，批判性討論恰是說服型對話的一種特殊類型。

語用論辯學派的代表人物之一菲特麗斯（E. Feteris）專注於推動語用論辯理論應用於法律論證研究，她認為批判性討論的四個階段適用於規範法律對話的程序：首先，在對抗階段，訴辯雙方都提出自己的論點；其次，在開始階段，訴辯雙方就共同的出發點和論辯規則達成一致，包括法律規則和法律原則等；再次，在論證階段，法官裁定一方必須為其觀點做出辯護，而另一方可以提出反對觀點；最後，在結論階段，法官必須判定某一方對另一方的批判性論證是否已經得到成功的辯護，如果待證事實得到確證，那麼法官就會同意該主張，否則，就會拒絕該主張。② 為了保證對話程序在公正有序的環境下進行，語用論辯理論還在這四個階段中相應設置了討論規則：自由規則、證明責任規則、立場規則、相關規則、未表達前提規則、出發點規則、論證圖式規則、結束規則和用法規則。③ 在理想情境下，法律對話中的論辯雙方都應當遵守這些規則，但是，在真實的法律對話中，要消除論辯雙方的意見分

---

① WALTON D N. Legal argumentation and evidence [M]. Pennsylvania: Penn State Press, 2002.
② FETERIS E T. Fundamentals of legal argumentation: A survey of theories on the justification of judicial decisions [M]. Dordrecht: Kluwer Academic Publishers, 1999.
③ FETERIS E T. Fundamentals of legal argumentation: A survey of theories on the justification of judicial decisions [M]. Dordrecht: Kluwer Academic Publishers, 1999: 165-166.

歧是很難實現的，甚至在終審階段都無法達成。例如，結束規則規定：立場辯護失敗必然導致正方收回立場，而立場辯護成功必然導致反方收回質疑。然而，在民事訴訟的庭審對話中，法官在判定原告或被告一方主張獲勝之後，並不能夠保證原告收回立場或被告收回質疑，他們可能在下一輪上訴中繼續主張或提出質疑。此外，如果論辯一方不遵守以上規則，那麼將會犯與之對應的謬誤，例如，在法庭論辯階段，如果某一方企圖訴諸暴力或言語威脅另一方質證或者威脅證人舉證和質證，那麼將違反自由規則並且將導向訴諸人身攻擊的謬誤。

法律的生命力固然不是邏輯，但缺乏邏輯理性的法律必然不是好的法律。邏輯與經驗不應當是「你死我活」的排斥關係，而應當共生出一種理性和直覺的平衡關係，但在應對複雜難解的法律問題時，邏輯應當發揮更為突出的作用。20世紀非經典邏輯的崛起代表了邏輯學的現代發展方向，它的成功經驗既依賴於現代邏輯（如模態邏輯）的精闢艱深，也吸收了人們在不同推理和論證情境中的實踐經驗，其初始公理大多源自經驗的形式化表述。法律邏輯的發展歷程也表明，機械的演繹邏輯觀終將被拋棄，取而代之的是一種不斷適應法律開放屬性的動態和發展的邏輯觀。論證邏輯正是在這樣一種邏輯理性與實踐經驗的雙重影響下興起的，它在法律中的應用迎合了法律的開放屬性，這是邏輯學不斷以新的形態適應法律實踐要求的具體體現，而這也恰是法律的邏輯的旨趣和歸宿。更具體地說，論證邏輯之於法律的作用就是著眼於表達和刻畫法律推理的可廢止性、法律論證的論辯屬性、法律對話的程序理性等邏輯理性特質，從而在法律論證之證成、司法之裁決和法律程序之規範等司法實踐領域發揮作用。從應用邏輯的視角來看，論證邏輯是一種

天然的法律邏輯，它為人們的法律論證實踐提供了一種分析、比較和評估論證的綜合方法，為達成證成、反駁、評價和說服的實踐訴求構築了邏輯理性的根基。

　　論證邏輯不同於基於邏輯後承關係的邏輯，它是一類關於研究自然論證實踐的非形式邏輯和研究抽象論辯活動的可計算論辯理論的概括性統稱。當前，兩種研究進路開始呈現出交叉融合的趨勢，人工智能學家發現非形式邏輯的一些研究成果可以成為人工智能研究的發掘對象，恰如人工智能學家里德（C. Reed）所說：「在人工智能的幾乎所有領域中，論辯為新技術和新方法的發展起著催化劑的作用」[1]。而非形式邏輯學家也熱衷於參與合作研究，因為這些成果在人工智能的推動下得到更加深入的研究。這意味著對可計算論辯理論而言，非形式邏輯為之提供了理論的支點和思想的源泉，諸如論證概念、論證結構及圖解、論證圖式、證明責任、相干性與可接受性等評估標準都已經進入了可計算論辯理論研究的視野，這使得其研究內容愈加貼近人們的自然論證實踐。論證邏輯應用於法律領域也逐漸成為「人工智能與法」研究的核心主題，由此產生的交叉成果被應用於刻畫法律推理和法律論證。可以預見，在未來非形式邏輯和可計算論辯理論交叉融合的背景下，論證邏輯將更加理解和適應法律的理性特質，其理論的革新和深入也必將引領和啓發法律邏輯新的研究方向。

---

[1] REED C, NORMAN T J. Argumentation machines: New frontiers in argument and computation [M]. Dordrecht: Kluwer Academic Publishers, 2004.

第三章　基於非形式邏輯的法律論證理論

　　從非形式邏輯的視角研究法律論證理論存在多種不同的路徑，最具代表性的理論有三種：第一種是愛默倫的語用論辯術，它從論辯與修辭的角度刻畫了論證的程序、過程及策略；第二種是沃爾頓的新論辯術，它從論辯的角度分析了對話的過程及其評估；第三種是約翰遜的語用論證理論，它從邏輯的視角將「論辯術」內化為論證的成果屬性。這三類論證理論在「論辯化」定義、規範性理論構建以及情境性實踐間都存在諸多差異，所表達的特點和目的都有所不同，同時也都分別展現出了在論證定義、識別、分析、比較與評估等相關議題上的理論競爭力。面對當代論證理論中多元化視角的互動和融合，清晰地把握這三種不同的「論辯化」路徑，對深入研究論證理論在法律論證中的應用研究有著重要的意義。

第一節　新論辯術與法律論證理論

一、新論辯術

沃爾頓的新論辯術[1]革新了傳統的論辯術理論並且將漢布林（C. Hamblin）等的形式論辯術引向刻畫日常的言語交際，它在論證的「論辯化」層面同樣借鑑了漢布林的形式論辯術並深受洛侖岑（P. Lorenzen）和洛侖茲（K. Lorenz）、巴思（M. Barth）和克羅貝（E. Krabbe）、麥肯齊（J. Mackenzie）以及辛提卡（J. Hintikka）的形式對話系統或對話邏輯的影響，在論證的「語用」層面則主要繼承了格賴斯（H. Grice）的會話理性論。新論辯術將日常的論證活動劃分為六種不同類型的對話：說服型、探究型、談判型、信息尋求型、審議型以及雄辯型對話，對話是有目的導向的由兩方或多方交換信息或言語行為的序列，每種對話類型都依賴於特定的背景，可以被看作是所對應論證活動的規範模型。對話的具體分類如表 3-1 所示。[2]

---

[1] 歷史上，鮮有學術詞條直接涉及兩種既有聯繫又有顯著區別的理論或學科。Dialectic 一詞就是特例，它既指始於古希臘，盛行於蘇格拉底與柏拉圖時期的論辯術，又指見於康德、後由黑格爾正式提出、再由馬克思發展完善的辯證法。在古希臘，論辯術是一門由會話方輪流問答的藝術，蘇格拉底將其上升為一種探尋「真理」的方法，柏拉圖繼承與發展了蘇格拉底氏問答法並使其盛行一時。受康德啟發，黑格爾正式提出了辯證法，實現了論辯術革命性的飛躍。理解兩者的關係需要厘清源頭，沃爾頓指出：「黑格爾與馬克思並沒有將 Dialectic 看作是古希臘純粹的言語會話藝術，而是看作是研究真實世界中事物的普遍矛盾的辯證法。Dialectic 作為一個規範的哲學概念，被賦予了希臘哲學中重要的核心概念，最好不要放棄它。實際上辯證法被認為是植根於古希臘哲學的，我們恰恰需要的是古希臘哲學的迴歸。」

[2] WALTON D N. Informal logic, a pragmatic approach [M]. Cambrige: Cambridge University Press, 2008.

表 3-1　對話的具體分類

對話類型	初始狀態	參與者的目標	對話的目標
說服型	意見分歧	說服另一方	解決或澄清問題
探究型	需要給出證明	找到並核實證據	證立或證偽假設
談判型	利益衝突	實現自身的利益	接受雙方的合理要求
信息尋求型	信息需求	獲取或給予信息	交換信息
審議型	兩難或實踐選擇	合作目標及行動	決定最好的可行性行動步驟
雄辯型	個人衝突	出言不遜	揭露衝突的深層基礎

(一) 基本框架

1. 說服型對話

說服型對話表達了一個理想、規範的理性對話模型，通常被認為是最重要的一種類型。沃爾頓認為說服型對話對應於語用論辯術（下一章將談及）中的批判性討論，即批判性討論僅是沃爾頓對話模型中的一種類型而已。論辯性對話的展開過程可以分為開始階段、論辯階段以及結束階段。[1] 沃爾頓還總結了對話所要遵循的四條基本的積極規則，它們分別是：

（1）表達方式規則要求言語行為或表達方式必須是被許可的。

（2）對話規則指定輪換方式。

（3）承諾規則指定所有類型的表達方式如何導向參與者的承諾。

（4）策略規則判定能夠達到對話目的的表達方式序列。

另外，在某些特例當中，還需要添加其他的積極規則。例如，相關

---

[1]　沃爾頓將語用論辯術中的衝突階段和開始階段合併為一個階段，各個階段的定義與語用論辯術也類似。

性規則、合作規則以及信息度規則等。遵循積極規則是保證得到一個好的對話的必要條件，沃爾頓還對應地給出了說服型對話的消極規則，這些規則特定地出現在對話的三個階段當中。例如，開始階段的消極規則是：未經許可將現在的對話類型轉移至另外一個對話類型。

沃爾頓通過識別論證、識別對話語境、檢驗舉證責任以及回應批評四個步驟在確定的具體情境下評估論證。①

（1）識別論證：①前提與結論是什麼？②缺少前提嗎？檢驗遺漏的前提。③存在預設嗎？④存在多餘的前提嗎？結論是否有歧義？⑤存在省略前提嗎？識別出省略的前提。⑥結論是什麼？相關性會遭到質疑嗎？

（2）識別對話語境：①對話類型是什麼？②對話目標是什麼？如何討論相干性？③對話要解決的問題是什麼？④是否存在論辯轉移，它們是否有效？⑤是否有證據優先性的要求？⑥從論辯方的立場（承諾）中能知道什麼？在對話過程中，這些承諾如何發生改變？

（3）檢驗舉證責任：①舉證責任有哪些？②論證是演繹的嗎？③論證是歸納的嗎？④是假設性論證嗎？⑤預設是否有偏見或是重複的？識別對話中不恰當的攻擊。

（4）回應批評：①人身攻擊的論證；②可質疑的訴諸情感；③提問或回答批評；④相干性；⑤循環論證；⑥訴諸權威；⑦偏見定義或術語；⑧歧義；⑨滑坡問題；⑩演繹錯誤，歸納錯誤，可質疑的因果論證。

---

① WALTON D N. The new dialectic: Conversational contexts of argument [M]. Toronto: University of Toronto Press, 1998.

2. 探究型對話

探究型（inquiry）對話是在某個主張缺少決定性的（decisive）證明時作為證明該主張真偽的一種對話方法。探究總是和基礎主義（foundationalism）的哲學相聯繫，推理總是建立在牢固確立的基礎之上的。科學家和哲學家構造科學中的合理論證總是以探究的形式來進行的。探究型對話是一種高度合作性的論證框架，它包含了很高的證明標準。參與對話的調查者搜集所有相關的資料，無論是支持該主張的，還是反對該主張的資料。一旦搜集到資料，對話就進入到認同證據的階段，在這個階段對話參與方都認同現有的資料就是所有能夠收集到的證據。接下來就進入到論辯階段，對話雙方試圖在給定證據所得到的前提的基礎之上有序地得出結論，因而主張可以被確定的證明或證偽。實際上，探究的目的就是證明某個特殊的命題是真的或假的，也有可能在窮盡所有搜集的證據都無法證明或證偽某個命題，這種情況就說明現有的證據不足以證明或證偽它。與說服型對話不同的是，探究的方法接收的前提是由真的或假的強證據所明確確定的命題，這樣在未來的對話中就無須返回或收回這些前提。這項研究意味著如果某個命題被確定為真，那麼它在以後的對話當中一直都保持為真，因而探究型對話不允許在確定證明或證偽某個主張之後在後面的對話中發生改變。[1]

3. 商談型對話

商談型（negotiation）對話的目標不是得到一個真的或假的命題，而是對話的參與方之間能夠達成好的交易，也就是說即便最後的決定對

---

[1] WALTON D N. The new dialectic: Conversational contexts of argument [M]. Toronto: University of Toronto Press, 1998: 185-186.

於參與方而言有得有失，也能夠達到參與方都接受的一致意見。這種對話的特徵更像是利益的衝突，它可以發生在關於個性和動機的衝突當中，但更為頻繁的是發生在包含經濟利益的糾紛當中，對話的參與方都會因為論證的結果而獲得或失去一些利益。這種類型的商談型對話又被稱為分配式討價還價（distributive bargaining），對話的目標是解決博弈雙方之間的利益衝突，這決定了它是一個零和（zero-sum）博弈，博弈一方的得利就意味著另一方的失利。商談型對話的某些規則和說服型對話不同，例如，規則1禁止使用威脅作為論證，在說服型對話中使用暴力威脅另一方是極其不合理的。但是，在商談型對話中則確實存在不同種類的威脅，例如，在工人要求漲薪的商談中，如果管理者無法滿足工人的要求，那麼工人可能會威脅罷工，而管理者可能威脅降薪或者裁員。同樣的一個威脅在說服型對話中是不合適的，但是在商談型對話中並不必然是錯誤的或不合適的。[1]

4. 信息尋求型對話

信息尋求型（information seeking）對話指的是對話一方事先擁有另一方所尋求的某些信息。擁有信息的博弈方的任務就是將這些信息轉移到需要這些信息的另一博弈方。這種類型的對話在人們的日常生活中更像是合作型的對話，而不是對抗型的對話，博弈一方尋求獲得另一博弈方被假設擁有的信息。對話開始於博弈一方擁有但另一方缺失的初始狀態，它在本質上是一種缺失信息或博弈雙方之間信息不平衡的論證。[2]

---

[1] WALTON D N. The new dialectic: Conversational contexts of argument [M]. Toronto: University of Toronto Press, 1998: 186-187.

[2] WALTON D N. The new dialectic: Conversational contexts of argument [M]. Toronto: University of Toronto Press, 1998: 187-188.

在日常生活中，如採訪就是信息尋求型對話的常見類型。建議懇求型（advice solicitation）對話也是這類對話的常見形式，在這種對話中博弈方為了尋求建議而請教可以提供建議的另一方，顯然，這種類型的對話不是對抗式的。在日常生活中，建議懇求型對話的常見案例是專家諮詢型（expert consultation）對話，不具有某個專業領域技能和知識的人為了解決某個問題而向專家諮詢意見，在這種對話中，回應的專家有義務以清晰的語言來提供最好的建議，同時還要說明自己的缺點和質疑。建議尋求者的義務是向專家清晰地提出具體的問題，而且這些問題應當與其想要解決的問題是相關的。專家諮詢型對話的例子如醫生和病人之間關於醫療方案和建議的對話。①

5. 審議型對話

審議型（deliberation）對話包含了某個主體試圖判定在給定的狀態下什麼是最佳或最謹慎的做法，這與主體的目標和狀態的已知或推測的事實有關。② 例如，部分市民聚集起來為討論他們所關注的某些領域的實踐問題，通常來說，討論的參與方可以分為持有不同觀點的不同派別，這些派別支持自己的立場並且反駁衝突的觀點。最後他們的目的是在某些觀點上達成一致並且付諸行動。儘管審議型對話可以由一個主體來審議一個問題的不同方面，但是在大部分情況下還是由多數人一起討論，在最簡單的審議型對話中，存在兩個參與方為解決某個問題而提出兩個相反的觀點。在對話的開始階段，雙方先確定他們所要解決的問

---

① WALTON D N. Types of dialogue, dialectal shifts and fallacies [M] //EEMEREN F H VAN, et al. Argumentation illuminated. Amsterdam: SICSAT, 1992.

② WALTON D N. The new dialectic: Conversational contexts of argument [M]. Toronto: University of Toronto Press, 1998.

題。然後，雙方建議不同的觀點和可能的行動選擇，也將給出支持其觀點和反對不同觀點的論證。最後，在檢驗所有可能的論證之後，將共同達成最佳的選擇來解決問題。審議型對話的特徵是若干參與方在解決問題的諸多方法中選擇最謹慎的行動，這種對話通常發生在現有的知識還不足以清晰地判定所需要做出的選擇的情況下。所以，儘管基於概率的知識在審議型對話中是相關的，但是這類知識本身不足以解決問題。在最簡單的審議型對話中，直接的衝突存在於兩個可能的行動方案當中，而且需要選擇其中一個行動方案，這種類型的情況通常被稱為「二難」（dilemma）。

6. 雄辯型對話

雄辯型（eristic）對話是對抗性最強，也是所有對話類型中合作程度最弱的對話，甚至可以說這種對話只有對抗的爭吵（quarrel），或者說，爭吵就是一種典型的雄辯型對話。直觀上，這類對話就是參與方試圖通過任何方式和手段來獲得言語上的勝利，雙方的論證並不倚賴令人信服的證據和合乎邏輯的推理，而且對話的輪換缺乏相關性。但是，這類對話之所以是對話，那麼應當遵守對話的極小規則，例如，對話的參與方必須進行輪換，如果參與一方阻止輪換到另一方反駁，那麼就不可能有爭吵。通常來說，爭吵顯得很愚蠢且毫無意義，爭吵中參與方的表現實質上是在承認其是錯的。但是，在某些情況下，爭吵又有嚴肅的一面，至少爭吵的標準可以幫助評估論證是否是一個理性的對話。[1]

(二) 論證圖式

論證圖式（argument scheme）是人們在日常生活中常見的論證類

---

[1] WALTON D N. The new dialectic: Conversational contexts of argument [M]. Toronto: University of Toronto Press, 1998: 190-191.

型，沃爾頓還列舉了從位置到知道、訴諸專家意見、訴諸證人證言、訴諸人身攻擊、訴諸因果聯繫、訴諸言詞分類、訴諸結果、訴諸先例或類比等 25 種普遍的論證圖式，並且都給出了對應的批判性問題。①

表 3-2　論證圖式類型

訴訟徵兆論證	訴諸舉例論證
訴諸言辭分類論證	訴諸承諾論證
訴諸人身攻擊	從位置到知道
訴諸專家意見	從證據到假說論證
從關聯到因果論證	訴諸結果論證
訴諸類比論證	訴諸冗餘論證
訴諸公眾意見論證	品格論證
訴諸偏見論證	訴諸既定規則
訴諸先例論證	訴諸按部就班論證
因果滑坡論證	先例滑坡論證
訴諸言辭分類含混論證	訴諸言辭分類隨意論證
言辭滑坡論證	完全滑坡論證
從因果到效果論證	

下面就簡要展示一些通常適用於法律論證的論證圖式以及與之對應的批判性問題。②

1. 從「位置」到「知道」

大前提：證據來源 a 處於知道包含 A 的特定領域 S 中的事情的位置；

---

① WALTON D N. Argumentation schemes for presumptive reasoning [M]. Mahwah NJ: Erlbaum, 1996.
② 道格拉斯·沃爾頓. 法律論證與證據 [M]. 梁慶寅, 等譯. 北京：中國政法大學出版社，2010.

小前提：a 斷定 A 是真（假）；

結論：A 似真地為真或假。

批判性問題 1：a 處於知道 A 是否真（假）的位置嗎？

批判性問題 2：a 是一個誠實的（可信的、可靠的）提供資料者嗎？

批判性問題 3：a 斷言 A 是真（假）嗎？

2. 訴諸專家意見論證

大前提：提供資料者 E 是包含命題 A 的主題領域 S 裡的一名專家；

小前提：E 斷定命題 A 為真（假）；

結論：A 為真（假）。

可以從六個領域給出批判性問題：

專業問題：作為專家提供資料者 E 有多可信？

領域問題：E 是 A 所在領域裡的專家嗎？

觀點問題：E 斷言了什麼意味著 A？

可信賴性問題：作為一個提供資料者 E 本身可信賴嗎？

一致性問題：A 與其他專家所斷言的一致嗎？

支持證據問題：E 的斷言是基於證據提出的嗎？

3. 訴諸類比論證

大前提：在通常情況下，案件 C1 類似於案件 C2；

小前提：命題 A 在案件 C1 為真（為假）；

結論：命題 A 在案件 C2 為真（為假）。

批判性問題 1：C1 和 C2 在上述所提到的方面是相似的嗎？

批判性問題 2：A 在 C1 是真的（假的）嗎？

批判性問題 3：C1 與 C2 之間有趨向於損害上述所提到的相似性的差別嗎？

批判性問題 4：是否有其他情形，如 C3 與 C1 也相似，但其中的 A 是假的（真的）？

4. 回溯論證圖式：

前提 1：F 是一個發現或給定事實集；

前提 2：E 是 F 的一個滿意解釋；

前提 3：到目前為止沒有一個可選擇的解釋有 E 那麼令人滿意；

結論：因此，作為一個假設，E 是似真的。

批判性問題 1：在對話中除了目前為止可獲得的其他解釋之外，E 作為對 F 的一個解釋自身在多大程度上是令人滿意的？

批判性問題 2：在對話中，解釋為 E 比到目前為止可獲得的其他解釋好多少？

批判性問題 3：對話進展到哪一步？如果對話是一種探究，對情況的研究有多徹底？

批判性問題 4：繼續這個對話比現在就做出結論要好嗎？

5. 訴諸言詞分類論證：

大前提：如果某個特定事物 a 能夠被歸入言詞範疇 C 下，且（根據這樣的分類）a 具有屬性 F；

小前提：a 能夠被歸入言詞範疇 C 下；

結論：a 具有屬性 F。

批判性問題 1：質疑 a 是否一定有性質 F 或是否存在懷疑這個主張的餘地？

批判性問題 2：質疑大前提中的言詞分類在多大強度上成立？

6. 訴諸既定規則論證

大前提：在通常情形下，如果情形與既定規則 R 相吻合，那麼，在該種情形下對情形的決定應該按照 R 的規定來做出；

小前提：這個情形與既定規則 R 相吻合；

結論：在這情形下該做什麼由 R 的規定來決定。

批判性問題 1：R 規定了什麼以及對 R 是否必須加以解釋才不至於使這個情形受到質疑？

批判性問題 2：當前情形是否為真與 R 的規定情形相吻合嗎？

批判性問題 3：除了 R 之外，還有其他規則能夠更好地適合該情形嗎？

沃爾頓將對話的展開過程分為開始階段、論辯階段以及結束階段，每種對話類型在不同的階段對應著不同的對話規則，他還總結了一個好的對話所要遵循的四條積極規則，它們分別是：表達方式規則要求言語行為或表達方式必須是被許可的；對話規則指的是定輪換方式；承諾規則指定所有類型的表達方式如何導向參與者的承諾；策略規則判定能夠達到對話目的的表達方式序列。[1] 他還在總結比爾茲利（M. Beardsley）和托馬斯（S. Thomas）等的論證結構分類的基礎上，概括了五種論證結構：單一型（single）、收斂型（convergent）、聯合型（linked）、序列型（serial）、分散型（divergent）以及複雜型（complex）論證。[2] 在沃

---

[1] WALTON D N. Informal logic, a pragmatic approach [M]. Cambridge: Cambridge University Press, 2008: 10.

[2] WALTON D N. Fundamentals of critical argumentation [M]. Cambridge: Cambridge University Press, 2006.

爾頓看來，具體情境下的論證評估需要經過四個階段：識別論證（如：前提與結論是什麼？缺少前提嗎？）、識別對話語境（如：對話類型是什麼？對話目標是什麼？）、檢驗舉證責任（如：舉證責任有哪些？論證是演繹的嗎？）以及回應批評（如：檢驗相干性、循環論證和訴諸權威等）。①

二、法律論證理論之新論辯術之維

說服型對話表達了一個理想、規範的理性對話模型，這類對話始於意見分歧的初始狀態，參與方的目標是說服另一方，對話的目的是解決或澄清問題。一個說服型對話通常包含兩個參與方（正方與反方），正方的目的是試圖利用有說服力的論證來證明其主張，而反方的目的則根據證明責任的不同可以有兩種，一是提出足夠多的問題來表示懷疑；二是證明一個與正方論題相對立的命題。前者雙方的證明責任不同，對應的說服型對話是非對稱的；後者雙方的證明責任相同，對應的說服型對話是對稱的。庭審中的說服型對話是否是對稱的取決於庭審對話中起應雙方的證明責任，這兩種類型的證明責任分別對應於民事訴訟和刑事訴訟。在民事訴訟中，正反雙方都被要求達到優勢證據的標準，因而他們承擔相同的證明責任。被告由於「誰主張，誰舉證」的原則，滿足舉證責任，提出相應的主張，而被告必須為否定該主張而辯護，不能僅僅通過懷疑原告的證據或推論關係。在刑事訴訟中，由於排除合理懷疑的標準，控方需要對其主張的辯護達到確信無疑的程度，而被告人既可以

---

① WALTON D N. The new dialectic: Conversational contexts of argument [M]. Toronto: University of Toronto Press. 1998.

提出與控方主張相矛盾的否定主張，也可以通過懷疑控方的證據或推論關係來削弱。因此，民事庭審中的對話是對稱的，而刑事庭審中的對話是非對稱的。

在沃爾頓看來，法律意義上的說服不只是修辭說服和心理上使聽眾接受的說服，也不只是通過令人信服的論證來說服聽眾的理性說服，法律意義上的說服的特點在於法律系統的對抗屬性，在法庭審判中，起訴方和應訴方的論證處於一個對抗性論辯的框架當中，起應雙方都試圖擊敗對方。庭審的論辯框架的目的是通過正當的程序提供一種爭議解決的方法，由此得出具有說服力的裁定。在庭審對話中，除了分別代表正反方的起應雙方之外，作為第三方的審判方，起應雙方的目的不僅是簡單地說服對方，還包括說服審判方接受他們的主張。如果起應雙方陳述完所有的論證，那麼審判方需要綜合雙方的論證和整個案件事實，判定哪一論證方的論證滿足相應的證明標準，履行了相應的證明責任。

沃爾頓通過識別論證、識別對話語用、檢驗舉證責任以及回應批評四個步驟在確定的具體情境下評估論證。另外，沃爾頓還將論證的評價方式概括為三種：第一種方式是看論證中的前提是否支持結論，可以評估論證是演繹有效的、歸納強的或者是有假定性權重的；第二種方式是評估對某種對話類型有所貢獻的論證在對話語境中是如何被使用的，這種評估論證的語用方式是一種全局觀，必須在全局對話背景下審視論證；第三種方式是審查已給出論證的論辯方、主體或提出方，根據論辯方的可信度來評價論證。[1] 總而言之，在沃爾頓看來，這些評估程序和評價方式都是評估法律論證所應當遵循的一般程序和方法。

---

[1] WALTON D N. Argumentation schemes for presumptive reasoning [M]. Mahwah: Erlbaum, 1996.

第二節　語用論辯術與法律論證理論

一、語用論辯術

愛默倫與克羅頓道斯特創立的語用論辯術理論（pragma-dialectical theory）是非形式邏輯最具代表性的理論之一，它是圍繞批判性討論（critical discussion）來展開理論構建的。批判性討論發生在就某一立場存在異議的提出方與反對方之間，提出方為該立場給出辯護並使反對方確信，而反對方則對該立場提出質疑並進行挑戰。語用論辯術的主要貢獻在於構造了一個適用於批判性討論的語用論辯模型，它包含了意見分歧解決過程的四個階段，即衝突階段、開始階段、論辯階段和結論階段，它總結了規範批判性討論程序的十條規則並給出了違反這些規則所產生的謬誤類型。[①] 語用論辯術還區分了常用的三種不同類型的論證圖式：徵兆關係、類比關係以及因果關係的論證圖式，並且給出了對應的批判性問題。[②]

（一）基本框架

在語用論辯術中，論證的語用論辯維度結合了論辯性理性的論辯層面以及論辯會話中行為的語用層面，其中，論辯概念主要表現在批判性討論的語用論辯模型中，模型中的論辯性會話的目的在於解決分歧，而

[①]　VAN EEMEREN F H, GROOTENDORST R, HENKEMANS F S. Argumentation, analysis, evaluation, presentation [M]. New Jersey: Lawrence Erlbaum Associates, 2002.
[②]　VAN EEMEREN F H, GROOTENDORST R, HENKEMANS F S. Argumentation, analysis, evaluation, presentation [M]. New Jersey: Lawrence Erlbaum Associates, 2002: 96-100.

語用概念則主要體現在作為言語行為的分歧解決過程中不同階段的行為定義中。[1] 語用論辯術是建立在語用論辯模型的基礎之上的，包含了意見分歧解決過程的四個階段：[2]

（1）衝突階段，論辯參與者確定他們之間的意見分歧。在非混合型意見分歧中，僅意味著一方的立場並非立即為另一方所接受，而是被質疑或批評。在混合型意見分歧中，另一方則提出相反的立場。

（2）開始階段，論辯參與者都試圖解決意見分歧。論辯雙方需要分配提出方與反對方的角色（在混合型意見分歧中，分別有多個提出方和反對方）。同時需要就討論規則以及出發點達成一致。

（3）論辯階段，提出方通過提出支持論證來應對反對方的異議或轉移反方的疑問，從而為他的立場作辯護。有時，該立場會遭到反對方連續的異議。

（4）結論階段，論辯參與方需要評估意見分歧被解決的程度以及哪一方是占優的。如果提出方收回立場，那麼意見分歧就以反對方占優的方式得以解決；如果反對方放棄了他的質疑，那麼意見分歧就以提出方占優的方式得以解決。

語用論辯術還總結了批判性討論的十條規則並給出了違反這些規則所產生的謬誤類型。區別於沃爾頓的不同類型的對話規則，批判性討論的十條規則是不依賴於背景的，是一種普遍適用於論辯性會話的規則。[3]

---

[1] VAN EEMEREN F H, HOUTLOSSER P. The development of the pragma-dialectical approach to argumentation [J]. Argumentation, 2003, 17 (4): 387-403.

[2] VAN EEMEREN F H, GROOTENDORST R, HENKEMANS F S. Argumentation, analysis, evaluation, presentation [M]. New Jersey: Lawrence Erlbaum Associates, 2002.

[3] VAN EEMEREN F H, GROOTENDORST R, HENKEMANS F S. Argumentation, analysis, evaluation, presentation [M]. New Jersey: Lawrence Erlbaum Associates, 2002: 182-183.

（1）自由規則：參與方必須允許對方提出支持立場或就立場提出質疑。

（2）證明責任規則：參與方有責任為其提出的主張進行辯護。

（3）立場規則：參與方攻擊的立場必須與提出方給出的立場相關。

（4）相關性規則：參與方為其立場辯護，僅能通過提出與立場相關的論證。

（5）未表達前提規則：參與方不能錯誤地將另一方沒有表達的內容作為前提，或者拒斥另一方模糊的前提。

（6）出發點規則：參與方不能錯誤地將某個前提作為可接受的出發點或者拒斥表達為某個可接受出發點的前提。

（7）論證圖式規則：如果辯護沒有通過正確應用的論證圖式來實現，那麼該立場就沒有得到最終的辯護。

（8）有效性規則：論證中的推理必須是有效的或者通過澄清一個或多個未表達的前提使得推理有效。

（9）結束規則：提出方撤回立場將導致該立場的辯護失敗，而反對方取消其質疑將使得提出方的立場辯護成功。

（10）使用規則：參與方不能使用任何不充分或模糊的結構，而且必須為對方盡可能仔細並精確地解釋該結構。

語用論辯術將遵守以上規則看作是評價好的論證的基本要求，批判性討論中論辯雙方給出的論證必須是符合以上規則的，否則將導向謬誤。例如，違反自由規則會導向限制立場或質疑的謬誤以及限制他人行動自由的謬誤（訴諸憐憫或訴諸人身攻擊）。

(二) 分析及評價方法

1. 早期的理論

在語用論辯術早期的理論中，論辯的分析及評估被認為是一個由先而後的過程。首先，論辯分析始於識別論辯中不同類型的意見分歧，由於論證參與方所要辯護的立場往往是不清晰的，論證分析需要通過識別指示詞等方法使論證清晰化。對於不清晰的前提或立場，論證的分析需要通過增加交互原則以識別和重構這些前提。如果反對方僅持有異議，那麼意見分歧是單一或非混合型的；如果反對方不僅持有異議而且還給出了反對立場，那麼意見分歧是混合型的。[1] 其次，由於日常論辯往往發生在不清晰或非確定的信息背景下，論辯參與方所要辯護的立場往往是不清晰的，論證分析需要通過識別指示詞等方法使論證清晰化。[2] 再次，在論辯性會話中，經常會出現尚未表達或不清晰的前提或立場，論證的分析需要通過在會話中增加交互原則以識別和重構這些前提。[3] 最後，論證分析還需要明確論證的結構。根據前提對結論的支持方式的不同，論證可以分為單一型（single）、多重型（multiple）、同位型（coordinative）和從屬型（subordinative）論證。[4]

論證的評估首先需要檢驗邏輯與語用的一致性，語用的一致性要求兩個命題在真實世界中不能矛盾。例如承諾「我將開車去接你」與命

---

[1] VAN EEMEREN F H, GROOTENDORST R, HENKEMANS F S. Argumentation, analysis, evaluation, presentation [M]. New Jersey: Lawrence Erlbaum Associates, 2002: 3.
[2] VAN EEMEREN F H, GROOTENDORST R, HENKEMANS F S. Argumentation, analysis, evaluation, presentation [M]. New Jersey: Lawrence Erlbaum Associates, 2002: 37.
[3] VAN EEMEREN F H, GROOTENDORST R, HENKEMANS F S. Argumentation, analysis, evaluation, presentation [M]. New Jersey: Lawrence Erlbaum Associates, 2002: 49.
[4] VAN EEMEREN F H, GROOTENDORST R, HENKEMANS F S. Argumentation, analysis, evaluation, presentation [M]. New Jersey: Lawrence Erlbaum Associates, 2002: 64.

題「我不會開車」並非是邏輯矛盾的，但在日常會話中，由此類命題導出的承諾是不被接受的。① 在一致性檢驗通過後，需要進一步評估單一論證的可靠性，單一論證的可靠性是通過增加立場的可接受性來加以判斷的。單一論證是可靠的需要滿足三個條件：一是構成論辯的每個命題都必須是可接受的；二是論證中的推理必須是有效的；三是使用的論證圖式必須是恰當的並且是使用正確的。② 不同於沃爾頓傾向於對論證圖式進行細分，語用論辯術僅概括性地區分了三種論證圖式：徵兆關係的論證圖式、類比關係的論證圖式以及因果關係的論證圖式。③ 總體而言，早期的語用論辯術理論給出了論辯分析及評價的總體框架，但缺乏精細化的描述，這也是語用論辯術後期發展的旨歸所在。

2. 策略性操縱理論

在最新的理論中，為了對論辯進行更精細的分析與評價，愛默倫試圖在論辯術與修辭學之間尋求某種平衡，他們認為在論辯性會話的所有階段都必須將理性和效率（effectiveness）結合在一起。④ 他們通過引入策略性操縱的概念將修辭維度與論辯維度聯繫起來，並將其導入語用論辯模型的四個階段，以尋求在理性和效率之間保持某種均衡。⑤ 策略性操縱可以分為三個層面，分別是論題潛在性（topical potential）、聽眾需

---

① VAN EEMEREN F H, GROOTENDORST R, HENKEMANS F S. Argumentation, analysis, evaluation, presentation [M]. New Jersey: Lawrence Erlbaum Associates, 2002: 92.
② VAN EEMEREN F H, GROOTENDORST R, HENKEMANS F S. Argumentation, analysis, evaluation, presentation [M]. New Jersey: Lawrence Erlbaum Associates, 2002: 93.
③ VAN EEMEREN F H, GROOTENDORST R, HENKEMANS F S. Argumentation, analysis, evaluation, presentation [M]. New Jersey: Lawrence Erlbaum Associates, 2002: 96.
④ VAN EEMEREN F H. Strategic maneuvering in argumentative discourse [M]. Amsterdam: John Benjamins Publishing, 2010.
⑤ 論辯性會話中的理性訴求可以通過論辯層面加以檢驗，而效率訴求則是通過修辭層面加以檢驗。論辯性（argumentative）會話的分析及評價包含論辯性（dialectical）和修辭性（rhetoric）兩個維度。

求（audience demand）以及呈現手段（presentational device）。三個層次是相互依存的，共同構成了一個牢固的策略性操縱三角。論題潛在性可以在論辯階段加以重構，論辯參與者可以選擇多個可能的論證對其立場進行辯護，換言之，論辯參與者可以從徵兆關係的論辯、類比關係的論辯以及因果關係的論辯中選擇合適的子類型用以辯護。聽眾需求可以在開始階段進行重構，帶有策略性操縱目的的論辯參與者需要嘗試做出某個決定以取悅聽眾或迎合聽眾的觀點，換言之，論辯參與者選擇屬於聽眾要求的觀點作為出發點，嘗試構造一個關於程序性及實質性出發點的承諾集，使之與聽眾樂於接受的觀點相協調並有助於解決意見分歧。呈現手段通常是在衝突階段進行重構，呈現手段的利用通常包含了一個關於論辯性行動如何以策略性最佳的方式得以表達的選擇，換言之，帶有策略性操縱目的的論辯參與者嘗試以最易被接受的方式表達其立場。需要強調的是，這三個層面通常是共同出現在論辯性實踐當中並且在所有的論辯性行動當中都有所表達的，沒有策略性操縱會以缺失某一方面的形式出現。當分析及評價論辯性會話時，有必要識別每一個論辯性行動以及行動所包含的策略操縱的三個層面，並且需要進一步找出三個層面的具體實現方法。[1] 愛默倫還討論了策略性操縱在判決、調停、談判以及政治論辯等不同類型的論辯性會話中的出現情況並且比較了它們之間的異同。

二、法律論證理論之語用論辯術之維

菲特麗斯是阿姆斯特丹—語用論辯學派中致力於法律論證理論研究

---

[1] VAN EEMEREN F H. Strategic maneuvering in argumentative discourse [M]. Amsterdam: John Benjamins Publishing, 2010.

的代表性人物，她的代表作《法律論證原理——司法裁決之證成理論概述》評述了不同理論進路下的法律論證理論，梳理並展示了法律論證理論中的基本問題，她認為應當從語用論辯術的視角來研究法律論證，因而提出了論辯語境下的語用論辯式的法律論證理論。[1] 在她看來，法律論證的過程可以重塑為語用論辯模型中的對抗階段、開始階段、證成階段和結論階段。更加準確地說，菲特麗斯所指的法律論證應當指的是司法證明中的法律論證，因為只有庭審階段的法律論證才從最大程度上符合這四個階段的特性。

首先，在司法論證的初始階段，當事各方提出各自的論點，法官的作用在於保證各方根據庭審對話的程序展示各自的觀點，這就對應於語用論辯模型的對抗階段。

其次，在司法論證的第二個階段，當事各方就共同的出發點和論辯規則達成一致，這些規則往往隱含在法律過程當中，換句話說，這些規則應當是參與方眾所周知、約定俗成的規則。規則的確定意味著法律論證正式開始，這就對應於語用論辯模型的開始階段。

再次，在司法論證的第三個階段，當事各方可以為自己的觀點辯護並且可以回應和反駁對方的觀點，法官在這個階段應當持中立的立場與態度，在審判過程中應客觀、公正、不偏不倚，協調當事各方做出辯護或提出反對觀點。這個階段對應於語用論辯模型的論辯階段。

最後，在司法論證的最後階段，當事各方已經完成了對各自觀點的辯護，法官必須判定哪一方的觀點得到了成功的辯護，除此之外，法官

---

[1] FETERIS E T. Fundamentals of legal argumentation: A survey of theories on the justification of judicial decisions [M]. Dordrecht: Kluwer Academic Publishers, 1999.

還必須判定案件事實是否得到證明，並且根據適用的制定法規則或先例得到判決的結果。這個階段就對應於語用論辯模型的結論階段。

菲特麗斯認為語用論辯術應用於研究法律論證還需要經歷多個步驟。首先，第一步應當明確參與各方所持有的立場，由於司法過程中的爭議或意見分歧往往比較複雜，既包括參與方之間的衝突，也包括參與方與法官之間的分歧，釐清這些分歧是明確參與各方的立場的前提，因而就需要重構這些意見分歧。其次，在明確分歧之後，第二步還需要明確支持主張和反對主張的論證形式，語用論辯術區分了多種論證形式，包括單一型、多重型、同位型和從屬型論證形式。在重構簡單案件中的法律論證時，只需要構造包含案件事實和適用的法律規則的單一型論證。但是，案件事實往往存在爭議，因而疑難案件的法律論證還包含反對意見或衝突證據的論證，這也使得疑難案件的法律論證的論證形式變得複雜。

無論是簡單案件還是疑難案件，重構其法律論證都必須要有重構論證結構的線索，菲特麗斯認為存在兩種線索：字面指示（verbal indicators）和背景信息（contextual information）。

在法律文本中存在多種字面的指示記號標示出命題之間的多重的、同位的或者從屬的關係。例如，《中華人民共和國刑法》總則（以下簡稱《刑法總則》）在規定被管制犯罪的義務時有這樣的規定（第三十九條）：

被判處管制的犯罪分子，在執行期間，應當遵守下列規定：

（1）遵守法律、行政法規，服從監督；

（2）未經執行機關批准，不得行使言論、出版、集會、結社、遊

行、示威自由的權利；

（3）按照執行機關規定報告自己的活動情況；

（4）遵守執行機關關於會客的規定；

（5）離開所居住的市、縣或者遷居，應當報經執行機關批准。對於被判處管制的犯罪分子，在勞動中應當同工同酬。

以上法條有明確的字面指示表明這五個條件都是必須得到滿足的前提，違反任何一條都視作沒有履行被管制的犯罪的義務。顯然，滿足被管制犯罪的義務這一主張的論證是一個同位型論證，以上五個條件作為必要的子主張共同支持該主張，任何一個主張受到質疑都會使得該主張不成立。

當法律文本中沒有明確的字面指示時，就需要依賴於背景來重構論證的結構，也就是要尋找背景線索，這些線索可以在法律規則的表述和結構、框架和對話的語境中來找到。例如，中國《刑法總則》第十四條中規定：明知自己的行為會發生危害社會的結果，並且希望或者放任這種結果發生，因而構成犯罪的，是故意犯罪。不難看出，這條規則的背景表明支持故意犯罪這一主張的論證必須是同位型論證，這個論證包含了「明知自己的行為會發生危害社會的結果」「希望或者放任這種結果發生」和「構成犯罪」三個子主張，它們共同作為支持該主張的不可或缺的前提，如果任意子主張受到質疑，都會使得「故意犯罪」的主張不成立。還要說明的是，這個同位型論證中還包含了一個多重型論證，即「希望或放任這種結果發生」，在這個子主張中，顯然存在兩個可選擇的條件，滿足任意一個都可以符合滿足「故意犯罪」的要求，也就是說，質疑任意一個都不會影響另一個作為滿足的條件。

在分析如何重構簡單或疑難案件的法律論證的結構之後，接下來就要應用語用論辯術來評價法律論證。菲特麗斯從論證內容的規範和論證程序的規範兩個角度來評價論證。從評價論證內容的規範來看，語用論辯術首先要檢驗的是論證是否與人們所約定俗成或普遍接受的共同出發點（common starting point）相一致，例如，法官在評價關於事實的論證時，主要目標是明確案件事實是否為公眾所周知，如果案件事實不清楚，那麼法官需要根據證據規則來判決該案件事實是否得到證明。除了確定案件事實，在大陸法系國家，法官還需要判定與案件事實共同推得判決結論的法律規則（制定法規則等）是否也得到了公眾的普遍認同和接受，如果公眾不認同某條法律規則適用於案件事實，那麼該法律規則就不被認為是一個共同出發點。緊接著，語用論辯術應用於評價論證內容還需要檢驗前提與結論之間關係的可接受性，用語用論辯術的術語來說，就是檢驗是否正確地選擇和應用了論證圖式。在語用論辯術中，存在多種論證圖式，如徵兆關係、類比關係以及因果關係的論證圖式，它們都可以被用於支持某個法律規則的可接受性，只是這些論證圖式必須接受評估並且必須回應與之對應的批判性問題。

從評價論證程序的規範來看，語用論辯術的作用在於檢驗一個討論是否遵循理性的對話規則，在語用論辯術中，存在十條基本規則來規範理性討論，這些規則適用於為解決爭議而進行的理性討論。菲特麗斯應用語用論辯術說明了這些理性對話的規則如何適用於荷蘭民事訴訟和刑事訴訟的對話，並且制定法的某些法律程序的規則如何確保司法過程中的結果和理性對話的要求是一致的。《中華人民共和國刑事訴訟法》也規定了法庭審判程序可分為開庭、法庭調查、法庭辯論、被告人最後陳

述、評議和宣判五個步驟，每個程序都設置了對應的程序規則，例如，法庭辯論在審判長的主持下，按照下列順序進行：①公訴人發言；②被害人及其訴訟代理人發言；③被告人自行辯護；④辯護人辯護；⑤控辯雙方進行辯論。這意味著庭審中的對話應當要遵循這五個步驟，法律所規定的論辯規則的目的是為了保證庭審論辯按照理性對話的標準來進行，這在實質上是與語用論辯術的程序規則相一致的。儘管如此，由於人們的利益衝突的複雜性，不是所有的對話參與方都會遵循法律的程序規則，因而法官的職責就在於保證對話能夠在程序規則的引導下朝著解決爭議的方向進行。

第三節　約翰遜的論證理論與法律論證理論

一、語用論證理論

約翰遜與布萊爾最早是在 1977 年出版的《邏輯的自我防禦》一書中提出了以論證評估為核心的論證理論，而後多次在該書的再版書中改進其理論。他們認為演繹邏輯評價論證的有效性標準是不充分的，因而創造性地提出了評價論證的 RSA 新標準，即一個好的論證應當滿足三個標準：①相關性標準要求前提與結論必須相關；②充分性標準要求前提必須為結論提供充分支持；③可接受性標準要求前提必須是可接受的。[1] 違反這些標準將導向不同類型的謬誤，例如，違反相關性標準將

---

[1] JOHNSON R H, BLAIR J A. Logical self-defense [M]. New York: Idea Press, 2006.

會導向稻草人謬誤或人身攻擊謬誤等，違反充分性標準將會導向輕率結論或訴諸權威的謬誤等，違反可接受性標準將引發虛假前提或乞題謬誤等。①

約翰遜在後來的論證理論建構中開始由論辯的視角轉向語用的視角，他提出應當從論證實踐的背景中去理解論證的概念，而不是局限於形式邏輯視角的「前提—結論式」結構，因而本書將其稱為「語用論證理論」。在他看來，論證的概念應當從推論性核心（illative core）與論辯性外層（dialectical tier）兩個維度來理解。推論性核心反應的是理由（前提）對主張（結論）的支持結構，它與形式邏輯的論證結構相似。論辯性外層是語用論證理論的核心內容，它要求論辯參與方履行論辯性義務，需要對論辯性素材進行回應，具體體現在四個方面：預見與回應反對意見；預見與回應批評；處理可替立場；預見後果或推論。②約翰遜將這種回應上升為論證評估的又一規範性標準，即「論辯充分性標準」，它包括三個問題：一是論證在多大程度上很好地處理了標準反對意見與批評？二是論證在多大程度上很好地應對了可替立場？三是論證在多大程度上很好地處理了其後果或推論？③

(一) 基本框架

作為非形式邏輯的創始人及領軍人物，約翰遜突破形式邏輯分析論證的瓶頸，圍繞推論性核心及論辯性外層展開理論構建，創造性地提出

---

① JOHNSON R H, BLAIR J A. Logical self-defense [M]. New York: Idea Press, 2006: 67-77.

② JOHNSON R H. A Pragmatic theory of argument [M]. New Jersey: Lawrence Erlbaum Associates, 2000.

③ JOHNSON R H. A Pragmatic theory of argument [M]. New Jersey: Lawrence Erlbaum Associates, 2000: 207-208.

了評價論證的新的體系，構建和完善了非形式邏輯理論。他在 2000 年出版的《展示理性》一書中正式提出了「語用論證理論」，他在語用的視角下，為論證實踐梳理了「目的性」「論辯性」以及「展示理性」三個理性特點。以此為基礎，建構了一個二維特質的論證概念，包含推論性核心與論辯性外層兩個維度。[①] 由於語用論證理論的核心內容是就論證的分析與評估展開延伸的，因此這裡將論證的分析及評估放在基本框架中加以討論。

1. 推論性核心及 RSA 三角

推論性核心是指論題或主張及其理由或支持。約翰遜認為形式邏輯分析評價論證的有效性標準是不充分的，他提出了評價論證的新的標準 RSA 並且認為一個好的論證必須滿足這三個標準。

（1）相關性（relevance）標準要求前提與結論必須相關。約翰遜認為單個前提的相關性與否需要與其他信息結合起來才能予以判斷，這意味著我們需要補充「相關性支持前提」，將單個前提的相關性與否問題轉化為「相關性支持前提」的可接受與否。違反相關性標準將導向「不相關理由」。例如，稻草人謬誤或人身攻擊謬誤等。[②]

（2）充分性（sufficiency）標準要求前提必須為結論提供充分支持。約翰遜認為充分性標準需要考慮到三個層面。首先，前提中所提供的證據的類型是否充分？其次，對於所需要的各類證據，前提所提供的證據數量是否足夠？最後，論辯方是否恰當地應對了與論題相關的反對意見，並且處理了與之衝突的其他證據。違反充分性標準將導向「草率結

[①] 謝耘. 拉爾夫·約翰遜論證理論研究 [D]. 廣州：中山大學，2009.
[②] JOHNSON R H, BLAIR J A. Logical self-defense [M]. New York：Idea Press, 2006.

論」，如訴諸權威或草率概括等。①

（3）可接受性（acceptability）標準要求前提必須是可接受的。約翰遜認為「可接受的前提」是指「值得論辯方與聽眾接受的前提」。前提的可接受與否即可轉化為辯護它的論證的好與壞的問題或者是前提不被質疑和沒有爭議，從而未辯護則同樣滿足可接受性標準。這一標準的本質要求是「辯護的責任總在於論者，對於聽眾不能接受的任何前提，論者都有義務為之辯護」。違反可接受性標準將導向「成問題的前提」，如乞題謬誤或不一致謬誤等。②

2. 論辯性外層

論辯性外層是約翰遜語用論證理論的核心內容。與其他非形式邏輯學家不同，他提出將論辯性外層作為論證概念的一部分並且要求論辯方對論辯性素材進行回應以履行相應的論辯性義務。論辯性素材主要包括反對意見及批評、可替立場、挑戰、問題以及保留意見等。而論辯性外層的內容主要包括四個方面：一是預見與回應反對意見，對反對意見所針對的前提或論證做出適當的辯護或者指出反對意見本身的論證是錯誤的；二是預見與回應批評，指出批評沒有切中要害或揭示這些批評本身是理由不充分的或吸收批評中的適當指出從而修改自己的論證；三是處理可替立場，表明自己的立場如何能夠超越其他可替立場或者揭示其他可替立場存在哪些紕漏；四是預見後果或推論，由於論證的批評經常是表明其所持的立場會導致難以成立的後果或者可以推論出不可接受的結

---

① JOHNSON R H. A pragmatic theory of argument [M]. New Jersey: Lawrence Erlbaum Associates, 2000: 204.

② JOHNSON R H. A pragmatic theory of argument [M]. New Jersey: Lawrence Erlbaum Associates, 2000: 194.

論，論辯方應當適當地考察可能引出的後果，並且進行適當的說明與辯護。①

3. 論辯充分性

論辯性外層要求論辯方履行論辯性義務，對論辯性素材進行回應。約翰遜將這種回應上升為論證評估的又一規範性標準，區別於此前所有的論證評估方法，他創造性地將 RSA 三角與論辯充分性結合起來對論證的推論性核心及論辯性外層（論證內部與外部）進行全面評估。約翰遜認為「論辯充分性標準」包括三個問題：①論證在多大程度上很好地處理了標準反對意見與批評？②論證在多大程度上很好地應對了可替立場？③論證在多大程度上很好地處理了其後果或推論？②

二、法律論證理論之語用論證理論之維

RSA 三角是非形式論辯理論進路中具有標誌性意義的論證評估理論，它可以應用於多種社會科學領域，法律論證理論同樣屬於該理論的應用範圍。在訴訟證明的各個階段中，偵查和起訴階段的法律論證由於缺少對抗，或者對抗的因素極少使得其不具備論辯的特質，因而在評估這些階段的法律論證時將使得推論性核心占據更加重要的位置，但是，仍然要注意的是，根據 RSA 三角，推論性核心的突出位置並不意味著在這些階段的法律論證中不存在論辯性外層，實際上論辯性外層仍然存在，而且是評估法律論證的必要組成。例如，在偵查階段的論證中，偵

---

① JOHNSON R H. A pragmatic theory of argument [M]. New Jersey: Lawrence Erlbaum Associates, 2000: 208.

② JOHNSON R H. A pragmatic theory of argument [M]. New Jersey: Lawrence Erlbaum Associates, 2000: 207-208.

查人員在進行推理和論證時應當考慮到可能的質疑,這包括衝突證據和其他可能的反對論證,這就是論辯性外層要求的預見和回應批評。

  RSA 三角的三個方面也可以實際被應用於評估法律論證。首先,法律論證中的證據性事實與待證事實之間的相關性是一個邏輯問題,如果證據性事實能夠用來證實或證偽案件中的待證事實,那麼就應當說它們是相關的,約翰遜所認為的相關性標準恰是要求前提與結論必須相關,也就意味著前提必須為一個論斷提供支持。① 約翰遜還給出了一種判定相關性的簡單方法:前提為真(假)是否會增加結論的真(假)的可能性?如果沒有,那麼前提與結論不相關。② 有時候,法律論證中的證據與事實主張的相關性難以確定,因而在論證中不能隨意地判定前提的相關性,而需要結合其他的「相關性支持前提」。例如,在複雜案件中,單個證據往往不能獨立支持某個結論,而需要與其他的「相關性證據」相結合才能判定是否與待證事實相關。③

  充分性是一種程度問題,即前提集或多或少地充分證明了其結論,這意味著前提集為結論提供了足夠充分但並非完全的證據。④ 論證的前提集充分地支持結論要滿足兩個方面:第一,前提集中所提供的證據的類型是足夠的;第二,對於所需要的證據類型,前提集所提供的證據數

---

  ① 相關性存在兩種理解方式:一是指支持的強度,那麼就存在一個度的問題;二是指與論斷的真假是否有關,那麼它就是一個可能有也可能沒有的概念,也就是前提可能與論斷有關,也可能與它無關。(BLAIR J A, JOHNSON R. Logical self-defense [M]. New York: Idea Press, 2006.)
  ② JOHNSON R H, BLAIR J A. Logical self-defense [M]. New York: Idea Press, 2006: 68-69.
  ③ JOHNSON R H, BLAIR J A. Logical self-defense [M]. New York: Idea Press, 2006: 67-68.
  ④ JOHNSON R H. A pragmatic theory of argument [M]. New Jersey: Lawrence Erlbaum Associates, 2000: 204-205.

量是足夠的。① 這種充分性是一種忽略論辯屬性的「局部充分性」，然而，在論辯論證中論辯方需要回應對方的反對意見以辯護己方的論證，因而充分性還體現在論辯方是否恰當地回應了已知的或合理的反對意見或相衝突的證據。在法律論證中，審判方發現案件事實必須要評估訴辯雙方的證據集是否能夠充分地支持其所指向的待證事實，這既要評估證據的類型是否符合要求，又要評估證據的數量是否足夠。例如，在刑事法律論證中，一方面，單獨以證人證言不能下結論，還需要有物證等有形證據作為補充；另一方面，缺少關鍵證據同樣不能得到結論。

在法律論證中，由於絕大多數證據不可能必然為真，因而真標準並不適用於評估證據，這意味著評估證據需要訴諸可接受性標準。這種前提的可接受性體現在兩個方面：第一，在有反對意見質疑前提的情況下，如果存在關於它的辯護論證，那麼它符合可接受性標準；第二，前提在沒有反對意見的情況下，即使不存在辯護論證也可以滿足可接受性標準。這意味著被判定擔負舉證責任的一方總是有義務為不被接受的證據做出解釋和辯護，即論辯雙方需要不斷地回應針對前提的反對意見或衝突證據，因而前提的可接受性評估必然是一個動態的過程。此外，可接受性標準是對於聽眾而言的，可接受的前提指的是值得聽眾理性接受的前提。在法律論證中，訴辯雙方的目的是說服審判方接受其主張，包括接受其提出的證據，因而對訴辯雙方而言，其聽眾是審判方。同樣，審判方的論證（如體現於判決書等）也應當取得聽眾的認同。

---

① JOHNSON R H. A pragmatic theory of argument [M]. New Jersey: Lawrence Erlbaum Associates, 2000: 204.

第四節　非形式邏輯的比較

一、多維路徑的相似點

這三種非形式邏輯在規範性理論構建、情境性實踐等方面都呈現出一定的差異，然而，由於它們都是關注人們的日常論證實踐，因而存在共同的研究對象，至少包括以下幾個方面：

（1）都給出了關於論證概念的描述。已形成的普遍共識是論證是由一組前提通過一個推論規則支持一個結論的推論序列。

（2）都給出了攻擊論證的方式。例如，圖爾敏模型提出了一般意義上的反駁來質疑由根據到主張的保證；語用論辯術理論和新論辯術都是通過批判性問題來質疑論證的可接受性；約翰遜的論證理論是通過提出反對意見、批評和可替立場等論辯性素材來攻擊論證。

（3）多數討論了論證的結構或類型。例如，圖爾敏模型給出了由六個組成要素構成的論證的一般類型；語用論辯術理論定義了單一型和多重型等論證結構，新論辯術定義了單一型和收斂型等論證結構。這兩種論證結構的分類之間存在一一對應的關係，如多重型論證就對應於收斂型論證。

（4）多數討論了不同類型的論證圖式以及對應的批判性問題。例如，語用論辯術理論概括了 3 種論證圖式，新論辯術則給出了 25 種論證圖式。這兩種辯術都給出了對應的批判性問題。

（5）都從語用的視角展開理論的構建。圖爾敏模型的重要特徵是

具有領域依賴性，而其他論證理論都或多或少地借鑑了奧斯汀（J. Austin）和塞爾（J. Searle）的言語行為理論或格萊斯（H. Grice）的會話理論等。

（6）多數理論開啓了「論辯化」研究的道路，不同程度地體現了論證的動態屬性和程序理性。語用論辯術理論和新論辯術都劃定了論證或對話程序的若干階段並且探討了一般化或情境化的規則。

毫無疑問，這些理論的共性就是非形式邏輯的核心，它們是構成一個系統而成熟的論證理論的基本要素。同時，它們為人工智能視域下的形式化研究提供了理論源泉，部分內容可以被人工智能所表達和刻畫。

二、多維路徑的差異

（一）作為結果的、程序的以及過程的視角差異

溫策爾（J. Wenzel）認為存在三種不同的論證分析視角。論辯術視角關注作為程序的論證活動，分析互動與討論進行的規則及方法；修辭學的視角關注說服過程的論證活動，研究使說服有效並成功的技巧；邏輯學的視角關注作為成果的論證活動，從自然話語中抽象出邏輯語言建構邏輯系統，以評估論證的有效性及可靠性。[①] 實際上，現在的論證研究往往是這三個視角的相互滲透與融合。語用論辯術以添加策略操縱為手段來平衡論辯與修辭，需要有一套控制言語行為的規則，所以它既是作為程序的，也是作為結果的。新論辯術考慮語用因素，但沒有加入修辭技巧，亦需要有規範對話活動的規則體系，所以它是作為程序的。

---

① WENZEL J. Three perspectives on agumentation: Perspectives on argumentation［M］. Long Grove: Waveland Press, 1990: 9-26.

約翰遜的語用論證理論專注於「論證本身能否判定自身是一個好的論證」，而不是通過對話或批判性討論的過程檢驗進行判斷，其本人也堅持以「邏輯學」的血統自居，所以它是作為結果的。

(二) 論證評估方法的差異

論證的評估方法存在兩種路徑，有普遍化與情境化的區分。第一種是從論證的概念或內部結構進行評估，主要討論前提或結論的可接受性、前提對結論的支持程度等。第二種是以構建對話的方式對論證的抽象外部結構進行評估，主要是通過對話的程序和規則判斷論證的性質。而語用論證理論的論辯性外層則是這一方法的特例，它不同於作為程序的形式論辯術，而是一種靜態的屬性式評估方法。需要注意的是，約翰遜的語用論證理論是唯一同時採用兩種評估方法的論證理論。

(三) 普遍化或情境化的差異

新論辯術採用的是情境化的論證評估方法，不同類型的對話以不同的階段展開並且設定了具體的規則，而其他三類採用的都是普遍化的評估方法。不少學者（包括沃爾頓本人）認為語用論辯術所討論的批判性討論是沃氏對話類型中特定的說服型對話。其實不然，兩者在評價方法上有本質區別，說服型對話的評價方法是情境化的，而批判性討論的評價方法是一般化的，其規則是獨立於具體背景的，前者是後者的特例。而且就所涉及的範圍來說，批判性討論不僅關注沃爾頓所定義的說服型對話，還包括政治演講、調停以及談判等多種形式。

(四) 「論辯化」路徑的差異

語用論辯學派在語用背景下開啟了對批判性討論的「論辯化」道路，語用論辯術將批判性討論的過程分為四個階段，提出了普遍適用的

十條規則，引入了策略操縱作為連接論辯與修辭的橋樑。新論辯術是在語用背景下圍繞六類情境性對話展開「論辯化」的，沃爾頓對六種對話類進行了區分並給出了模型，討論了對話的基本規則以及特殊規則，其論辯化工作的突出成果還體現在對二十餘種論證圖式的歸納。語用論證理論的「論辯化」路徑在其論辯性外層理論中得到了獨特的展現，它既不討論「論辯化」工作的階段式展開，也不涉及程序及規則的設定，僅預設論證產生的論辯性背景，以一種靜態的、非過程性的方式展現。

(五)「論辯化」路徑的聯繫

首先，這三種論證理論都考慮了語用因素，從語用的角度考察「論辯化」是分析自然對話及論辯的主流趨勢。其次，除了語用論證理論外，其他三類都預設了「論辯化」展開的階段，同時也探討了一般化或情境化的規則。再次，都是以論證作為基本構造單元，對話和論辯的過程在實質上是論證與反論證博弈的過程。最後，都表現為主體的互動性以及以衝突消解為目的導向。

根據以上的區分標準，可以列表如表 3-3 所示：

表 3-3 三種理論的比較

	語用因素	作為結果	作為過程	作為程序	策略導向	內部論證評估	外部論證評估	情境化	謬誤理論
語用辯術	√	√	√	√	√	√			√
新論辯術	√	√	√	√	√	√		√	√
語用論證理論	√	√				√	√		√

第四章　基於可計算論辯理論的法律論證理論

　　法律論證適用的人工智能模型是當代人工智能與法研究的核心課題。經過近半個世紀的發展，基於人工智能技術的法律論證建模方法已經納入法律科學的大家庭，其在司法實踐中發揮的積極作用已經凸顯出特有的方法論及方法功能。作為方法論，它倡導法律論證的理論研究由宏觀的模糊分析轉向精致的微觀描述；作為方法，它產出多種規範模型來輔助法律職業者有效識別、構造論證並準確比較、評估論證。本章力圖從理論模型和實踐模型兩個層面展現法律論證模型的發展脈絡，其中，理論模型是整個法律論證建模的核心內容，它決定了要構造怎樣的一個法律論證，包括要解決哪些法律問題以及如何解決等關鍵內容。而實踐模型則建立在理論模型之上，它決定怎樣實現或以何種技術實現理論模型。

　　里德和諾曼（Norman）認為在人工智能領域中，刻畫論證有兩種方法：一是利用論證的相關概念及直觀為形式系統的發展提供基礎；二是構造模型反應現實世界理性人之間論證實踐的表象及抽象內容。[①] 本

---

①　REED C, NORMAN T. A roadmap of research in argument and computation, argumentation machines [M]. Dordrecht: Kluwer Academic Publishers, 2004: 2.

書認為論證形式化理論是對現實世界中陳述、對話、論辯等理性行為的抽象和提煉，規範衝突與非單調問題的解決方法，作為支持參與方互動的對話博弈的基礎。按照一般的知識分類，論證的系統化知識可以分為規約性（specification）知識和實現性（implementation）知識。其中，規約性知識告訴我們論證是什麼，而實現性知識則告訴我們如何應用論證。遵循這個思路，可以將論證的形式化方法分為兩個層次：

　　第一個層次是關於論證的概念、性質或狀態，論證間攻擊、擊敗或保護關係、判定論證性質或狀態的程序的形式化理論。簡而言之，就是對論證本身的抽象化研究，具體討論的內容包括形式論辯系統、論證的語義以及論證的證明理論三個部分。第二個層次是關於可用於實踐操作的可計算論辯的應用系統，又被稱為可視化的可計算論辯的軟件，它們是在第一個層次的理論基礎之上生成的。

　　本章將在前三節介紹三種典型的可計算論辯理論，它們屬於第一個層次。第四節將概括性地介紹可計算論辯的應用系統，它們屬於第二個層次。

第一節　Dung 氏抽象論辯模型

一、論辯的擴充語義

　　Dung 的抽象論辯系統能夠很好地刻畫論證的衝突及辯護關係，其擴充語義的核心思想是通過定義一系列包含二元關係的論證集合來體現

論證的不同論辯性質①，下面將簡要介紹 Dung 給出的基本擴充以及卡米納達（M. Caminada）等發展的其他擴充。

定義 4.1.1（攻擊關係）：論證框架是一個二元序對（$Args$，$attack$），$Args$ 是一個有限論證集合，且二元關係 $attack \subseteq Args \times Args$。給定論證集 X，$Y \subseteq Args$，X 攻擊 Y 當且僅當 $\exists x \in X$ 且 $\exists y \in Y$，使得 $(x, y) \in attack$。論證集 S 是免於衝突的當且僅當 $\forall\ x, y \in S, (x, y) \notin attack$。

定義 4.1.2（可接受性）：論證 A 是關於 S 可接受當且僅當所有攻擊 A 的論證都被 S 中的某個論證所攻擊。

定義 4.1.3（論證的擴充）：

（1）論證集 S 是可允許的當且僅當 S 中的所有論證都關於 S 可接受。

（2）論證集 S 是穩定擴充當且僅當所有不屬於 S 論證都被 S 中的某個論證攻擊。

（3）論證集 S 是偏好擴充當且僅當 S 是極大（關於 $\subseteq$）可允許論證集。

（4）論證集 S 是完全擴充當且僅當 S 是可允許論證集且所有關於 S 可接受的論證都屬於 S。

（5）論證集 S 是扎根擴充當且僅當 S 是極小（關於 $\subseteq$）完全擴充。

（6）論證集 S 是半穩定擴充當且僅當 S 是完全擴充且 $S \cup S+$ 是極大集。②

---

① DUNG PM. On the acceptability of arguments and its fundmental role in nonmonotonic reasoning, logic programming and n-person games [J]. Artificial Intelligence, 1995, 77（2）：321-357.

② 這裡 S+ 表示至少被一個論證攻擊的論證集（CAMINADA M. Semi-stable semantics, computational models of argument [C]. Proceedings of COMMA, IOS Press, 2006：121-130.）。

（7）論證集 S 是理想集當且僅當 S 是可允許集且被包含於所有的偏好擴充。論證集 S 是理想擴充當且僅當 S 是極大理想集。[1]

為了更清晰地表達這些擴充之間的關係，可以在蓋貝（D. Gabbay）和卡米納達概述的基礎上改進如圖 4-1 所示。[2] 論辯系統的語義適用於法律論證的原因不僅是其高度的概括性，還在於相對於其他非單調邏輯的語義，這種以論證的可接受性為初始假設更符合法律推理及論證的要求。如此評價論證不再僅訴諸命題的真假或論證的有效性與否，還需要

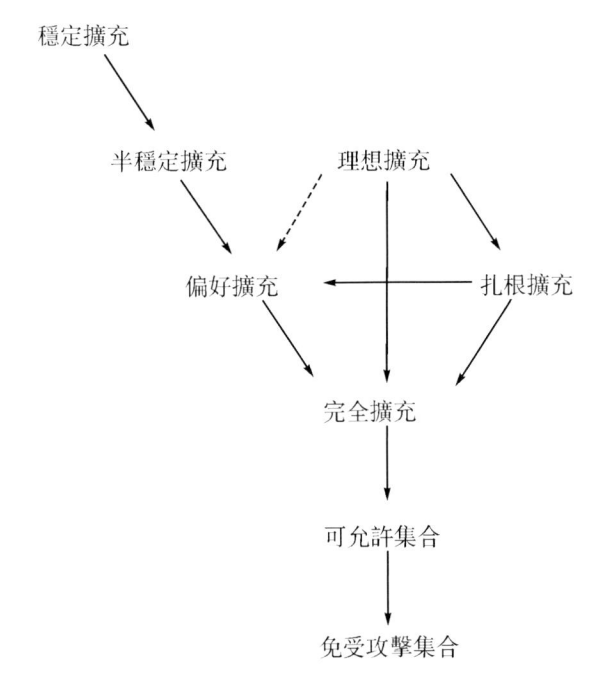

圖 4-1　擴充關係圖

---

[1] CAMINADA M. Semi-stable semantics, computational models of argument [C] // DUNNE P E, BENCH-CAPON T J M. Proceedings of COMMA, IOS Press, 2006: 121-130.

[2] 圖 4-1 中的實線箭頭表示「是」，例如穩定擴充一定是半穩定擴充。虛線箭頭表示「包含於」，例如理想擴充包含於偏好擴充。GAMINADA M, GABBAY D. A logical account of formal argumentation [J]. Studia Logica, 2009, 93 (2-3): 109-145.

考慮其可接受性，這為形式之外的諸如情感、道德、後果、價值以及利益等因素的考量留有餘地。

二、論辯的標記語義

本節將介紹一種與以上擴充語義等價的標記語義方法[1]。該方法最早是由波洛克用於定義論證的狀態，這種方法的思路在於通過對論證網絡中的每個論證進行賦值，討論論證的不同性質及狀態。下面將介紹由卡米納達等發展的三值標記語義，該語義可以與上節中改進的 ASPIC+ 相嵌套[2]，語義中的攻擊關係將被擊敗關係所取代。首先給出該方法中最基本的定義：

定義 4.2.1：論證框架是一個二元序對（Args, defeat），標記是一個全函數：$l: Args \rightarrow \{+, -, \pm\}$。$l$ 是完全標記當且僅當任意論證 A 都滿足：

（1）如果論證 A 不被任意論證所攻擊，那麼 $l(A) = +$。

（2）如果 $\exists B \in Args$，使得 $(B, A) \in defeat$ 且 $l(B) = +$，那麼 $l(A) = -$。

（3）如果 $\forall B \in Args$，使得 $(B, A) \in defeat$ 且 $l(B) = -$，那麼 $l(A) = +$。

（4）如果 A 不滿足以上三種情況，那麼 $l(A) = \pm$。

為證明標記方法與 Dung 的擴充方法的等價性，需要考量論證標記

---

[1] 先後有不少學者給出了不同的標記方法，這些標記語義方法的不同之處在於初始論證的標記。例如，波洛克與普拉肯和弗雷斯維克的方法都是二值的，卡米納達的方法是三值的，由於初始賦值不同，因此其刻畫能力及範圍也不同。

[2] GAMINADA M, GABBAY D. A logical account of formal argumentation [J]. Studia Logica, 2009, 93 (2-3): 109-145.

與擴充的對應理論。卡米納達等的策略是通過引入將標記轉化為擴充的 *lab2ext*（*l*）以及將擴充轉化為標記的 *ext2lab*（*l*）函數，證明了論證的完全標記與完全擴充是互相對應的。在完全標記方法的基礎上又通過限制使未決定賦值為空以及添加極小性、極大性等性質進一步刻畫了穩定標記、扎根標記、偏好標記以及半穩定標記並證明了與相應擴充的對應定理，具體對應關係及限制如表 4-1:[①]

表 4-1　對應關係及限制

擴充語義	完全語義	穩定語義	偏好語義	扎根語義	半穩定語義
限制條件	完全標記	±為空	+，-極大	+，-極小 或±極大	±極小

　　論證語義的核心內容之一是確定論證的論辯狀態，標記的方法有利於直觀地比較論證的狀態。波洛克將論證的狀態分為未被擊敗的、徹底被擊敗的、暫時被擊敗以及似真被擊敗的，普拉肯與弗雷斯維克將論證的狀態分為被證成、可防禦以及被否決的。[②] 卡米納達等在上述標記方法的基礎上詳細討論了論證的證成狀態，他們將論證的狀態按證成偏好由強到弱依次劃分為強接受、弱接受、非決定邊界、已決定邊界、弱拒斥以及強拒斥，並證明了不同的論證狀態所對應的標記應該滿足的擴充

[①] GAMINADA M, GABBAY D. A logical account of formal argumentation [J]. Studia Logica, 2009, 93 (2-3): 16.
[②] 值得注意的是，波洛克的劃分與普拉肯及弗雷斯維克的劃分是等價的，未被擊敗的論證等價於被證成論證，徹底被擊敗等價於被否決論證，暫時被擊敗或似真被擊敗等價於可防禦論證。PRAKKEN H, VREESWIJK G. Logics for defeasible argumentation [C] // GABBAY D, GUENTHNER F. Handbook of Philosophical Logic. Dordrecht: Kluwer Academic Publishers, 2002.

條件，對應的定理如下：①

（1）JS（A）= {+} 當且僅當 A 屬於扎根擴充。

（2）JS（A）= {-} 當且僅當 A 被扎根擴充所擊敗。

（3）JS（A）= {±} 當且僅當 A 不屬於可允許集合併且不被任意可允許集合所擊敗。

（4）JS（A）= {+, ±} 當且僅當 A 不屬於扎根擴充，A 屬於可允許集並且 A 不被任何可允許集合所擊敗。

（5）JS（A）= {-, ±} 當且僅當 A 不屬於任何可允許集，A 被某個可允許集所攻擊並且 A 不被扎根擴充所擊敗。

（6）JS（A）= {+, -, ±} 當且僅當 A 屬於可允許集並且存在某個可允許集擊敗 A。

根據以上定理，可以進一步得到一個判定論證的證成狀態的能行方法，如圖 4-2 所示。②

刻畫法律論證的語義所關注的核心內容是如何確定論證所處的證成狀態。下面為更好地體現法律論證的性質，可以按照證成度由強到弱的順序依次將論證狀態命名為：完全證成、弱證成、可防禦、弱反駁以及強反駁，其中標記為 {+, -, ±} 以及 {+} 的論證都是可防禦的論證。容易得到這些證成狀態對應的賦值偏好比較為：{+} > {+, ±} > {+, -, ±} > {±} > {-, ±} > {-}。

---

① 這裡的 JS（A）表示 A 的完全標記。WU Y N, CAMINADA M. A Labelling-based justification status of arguments [J]. Studies in Logic, 2010, 3: 12-29.

② WU Y N, CAMINADA M. A Labelling-based justification status of arguments [J]. Studies in Logic, 2010, 3: 5.

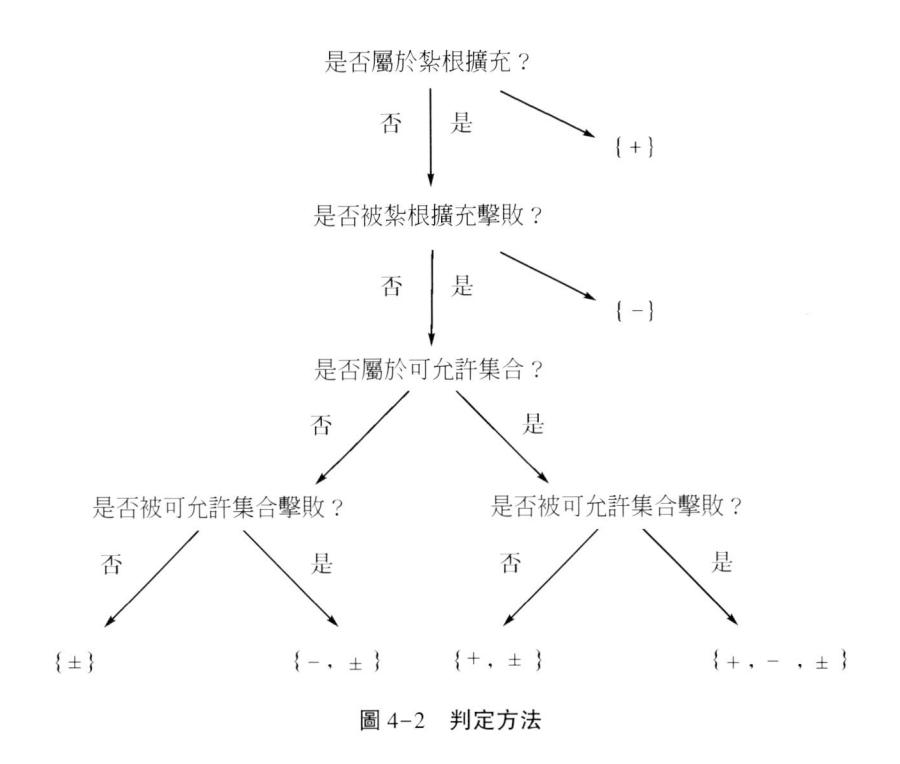

```
                        是否屬於桀根擴充？
                     否 │ 是
                        ▼        ↘
                                   {+}
                 是否被桀根擴充擊敗？
                     否 │ 是
                        ▼        ↘
                                   {-}
                 是否屬於可允許集合？
                   否 ↙    ↘ 是
        是否被可允許集合擊敗？      是否被可允許集合擊敗？
         否 ↙    ↘ 是          否 ↙    ↘ 是
        {±}    {-, ±}        {+, ±}   {+, -, ±}
```

圖 4-2　判定方法

三、抽象論辯理論的證明論

　　前面討論了抽象論辯理論的框架和語義，主要是圍繞論證的內部結構以及論證的性質及狀態展開的，但如何判定一個論證是否屬於某個給定的論證集合或具有某種性質或狀態還需要訴諸程序方面的討論。下面將簡單介紹論證語義的一種證明理論，也被稱為論證博弈理論。

　　本書認為論證的博弈實際上是利用論辯系統按照給定的對話規則及程序規則加以運用的過程，系統中的提出方主張的目的是通過給出論證使得反對方接收他的主張，而反對方的目的則是通過給出反論證使得提出方撤回其主張。簡單地說，這種基於對話和論辯的過程實質上是論證與反論證博弈的過程，這個過程包含了論辯系統中已經清晰刻畫的擊敗

關係、論證狀態等。

下面我們將引入普拉肯的抽象論辯博弈模型，該模型是提出方和參與方兩方之間的論證博弈，博弈包含一個決定有效行為的協議函數。[①] 模型中的爭論是雙方不斷更替的行動鏈，每個行動都包含一個擊敗對方行動的論證。模型還包含博弈方的策略以及可用偏函數表達的獲勝標準。首先介紹模型中幾個重要的定義，包括博弈行動、爭論、協議函數以及博弈方的策略等。

給定一個論證理論$\langle Args, defeat \rangle$，可以定義以下概念：

定義 4.3.1：行動集合 M 包括所有序對 (p, A) 使得 $p \in \{P, Q\}$ 並且 $A \in Args$；對 M 中的任意行動 (p, A) 我們用 $pl(m)$ 和 $s(m)$ 和表示 p。

定義 4.3.2：爭論的集合 $M^{\leq \infty}$ 是一個由 M 得到的所有序列的集合，並且有限爭論的集合 $M^{<\infty}$ 是由 M 得到的所有有限序列的集合。

定義 4.3.3：協議函數的直觀是將有效行為具體化至一個爭論的每個階段。協議函數 $P_r: D \to pow(M)$，以 $M^{\leq \infty}$ 的非空子集 D 為定義域且以 M 的子集合為值域，使得 $D \subseteq M^{<\infty}$，D 的元素稱為有效有限爭論。$P_r(d)$ 的元素稱為允許在 d 之後的行動。如果 d 是一個有效爭論並且 $P_r(d) = \varnothing$，那麼 d 稱為結束爭論。P_r 必須關於所有有限爭論 d 和行動 m 滿足以下條件：

(1) $d \in D$ 並且 $m \in P_r(d)$ 當且僅當 $d, m \in D$。

(2) 如果 $m \in P_r(d)$，那麼 $pl(m) = P$ 當且僅當 d 的長度為偶

[①] PRAKKEN H. Argumetnation logics, a lecureture for intitute of logic and intelligence southwest university [R]. 2010: 37-39.

數，否則 $pl(m) = O$。

定義 4.3.4：獲勝函數是一個序函數 $D \rightarrow \{P, O\}$。

定義 4.3.5：博弈方 p 的策略是一個在 p 行動之後的僅有一個分支的爭論樹，並且包含所有對 $f(p)$ 的有效答復。P 的策略是獲勝策略當且僅當 p 在策略中贏得了所有的爭論。

下面將分別討論關於論證是否屬於給定論證理論中的扎根擴充和偏好擴充的證明論。直觀上，由於扎根擴充中只包含一個被證成論證，因而論辯模型應該非對稱地偏好於提出初始論證的博弈方。

定義扎根語義的證明論：一個爭論滿足 G-博弈協議（此處 G 指扎根語義）當且僅當滿足以下條件：

定義 4.3.6：行動是有效的當且僅當滿足以下條件：

（1）提出方不能重複他的行動。

（2）提出方的行動（除第一次外）嚴格擊敗反駁方的最後一次行動。

（3）反駁方不能重複他的最後一次行動。

定義 4.3.7：一個博弈方贏得了爭論當且僅當另一方沒有有效行動。

定義偏好語義的證明論：一個爭論滿足 P-博弈協議（此處 P 指偏好語義）當且僅當滿足以下條件：

定義 4.3.8：行動是有效的當且僅當滿足以下條件：

（1）提出方必須回應反駁方此前所有的行動。

（2）反駁方必須回應提出方此前的某些行為。

（3）一個行動擊敗他所回應的行動。

（4）提出方不能重複反駁方的行動。

（5）反駁方不能在同一爭論層次重複其行動。

（6）不存在對同一行動有同樣內容的回應。

定義 4.3.9：反駁方贏得一個爭論當且僅當他使用了提出方此前的某個論證或者使得提出方退出有效行動；否則提出者就獲勝。

定義 4.3.10：滿足 P-博弈規則的對話稱為 P-對話，相應地，滿足 G-博弈規則的對話稱為 G-對話。

實際上，抽象論辯理論的博弈模型是對所有論辯系統共性的抽象形式化，大部分基於爭論及論辯的系統的結構都可以重構為基於 G-對話的鏈性對話結構以及基於 P-對話的鏈性或樹形對話結構。概括地說，基於對話或論辯的形式系統的應用是主體在抽象論辯理論內，按照給定的對話及程序規則，靈活應用基礎論辯系統的博弈過程。

第二節　可廢止和結構化論辯框架

一、可廢止論辯框架

普拉肯和沙托爾（G. Sartor）的可廢止論辯模型[①] F 實際上是由經典邏輯系統加上可廢止規則以及相應的 DMP 規則構成的，系統中的前提事實集被割分為必然事實集合 F_n、偶然事實集 F_c 以及包含可廢止規則的知識集Δ，一個缺省理論可表達為（$F_c \cup F_n \cup \Delta$），它是在一階邏輯

[①] PRAKKEN H. Logical tools for modeling legal argument: A study of defeasible argumentation in law [M]. Dordrecht: Kluwer Acadimic Publishers, 1997: 153-210.

語言的基礎上加入可廢止規則：

$d: \varphi_0, \cdots, \varphi_j \wedge \sim\varphi_{j+1}, \cdots, \sim\varphi_n \Rightarrow \psi$ 以及可廢止推論規則 DMP：$(\varphi_0, \cdots, \varphi_j \wedge \sim\varphi_{j+1}, \cdots, \sim\varphi_n \Rightarrow \psi) \wedge \varphi_0, \cdots, \varphi_j/\psi$。

定義4.4.1（缺省演繹系統）：令 L_0 是一階語言，L_1 是 L_0 的可廢止擴充語言。$\varphi_1, \cdots, \varphi_j/\psi$ 是推論公式集合，R_1 是在 R_0 的基礎上加入 DMP 構成新的可廢止規則集合 $R_0 \cup \{DMP\}$。那麼 (L_1, R_1) 就是一個缺省演繹系統。

定義4.4.2（缺省演繹）：一個基於Γ的演繹是一個序列 $[\varphi_1, \cdots, \varphi_n]$，使得對所有 φ_i（$1 \leq i \leq n$）滿足：

（1）$\varphi_i \in \Gamma$。

（2）在 R_1 中存在推論規則 $\psi_1, \cdots, \psi_m/\varphi_i$ 使得 $\psi_1, \cdots, \psi_m \in \{\varphi_1, \cdots, \varphi_{i-1}\}$。

定義4.4.3（論證）：令Γ為任意的缺省理論（$F_c \cup F_n \cup \Delta$）。一個基於Γ的論證 A 是一個從Γ出發的缺省演繹，使得：

（1）$\varphi \in A$ 是 A 的前提當且僅當 $\varphi \in \Gamma$。

（2）$\varphi \in A$ 是 A 的假設當且僅當 φ 是 A 中缺省的一個假設。

（3）$\varphi \in A$ 是 A 的結論當且僅當 $\varphi \in \Gamma_0$。

定義4.4.4（攻擊關係）：論證 A 攻擊論證 B 當且僅當：

（1）$CONC(A) \cup CONC(B) \cup F_n$ 。

（2）對任意 $\varphi \in ASS(B)$，有 $CONC(A) \cup F_n$ φ。

定義4.4.5（反駁擊敗）：A 反駁擊敗 B 當且僅當滿足以下條件：

（1）$A \cup B \cup F_n$ 。

（2）B 是可廢止的並且滿足以下條件：

① A 是嚴格的；或者

② 存在（A，B）的衝突對（C_1，C_2）使得 C_2 較 C_1 不嚴格特殊。①

定義 4.4.6（中斷擊敗）：論證 A 中斷擊敗 B 當且僅當對論證 B 的任意假設 φ，都有 $A \cup F_n \vdash \varphi$。

定義擊敗關係：論證 A 攻擊論證 B 當且僅當：

（1）A 的演繹為空序列並且 B 是自我攻擊的。

（2）A 中斷攻擊 B。

（3）A 反駁攻擊 B 並且 B 不中斷攻擊 A。

為刻畫包含不一致信息的論證，他們將原有的基礎系統擴展為包含優先性規則的可廢止論辯系統，首先將基礎語言擴張為包含二元謂詞 < 的語言，並通過定義 $Args = \{r<r' \mid r < r'$ 是論證 $Args$ 中某個論證 A 的結論$\}$ 表達一個序關係<，進而可以得到一種新的 $Args$-擊敗：論證 A（嚴格）$Args$-擊敗 B 當且僅當假設在 Δ 中有序關係<$Args$，則有 A（嚴格）擊敗 B。

二、結構化論辯框架

結構化論辯框架尤其適用於分析論證的組成結構。這裡著重介紹由普拉肯構造的 *ASPIC+* 論證框架，該框架具有 5 個特點：

（1）引入嚴格規則和可廢止規則，並且以是否包含可廢止規則為標準將論證分為嚴格論證和可廢止論證。

（2）不僅定義了攻擊結論的「反駁」（rebutting）攻擊和攻擊可廢

---

① 特殊性比較的定義：可廢止規則 A 較 B 特殊當且僅當 $ANT (A) \cup F_n \cup \Delta \vdash \sim ANTCON (B)$，這裡的 $ANTCON$ 指所有前件 ANT 的合取。

止規則的「中斷」（undercutting）攻擊，還增加了攻擊前提的「破壞」（undermining）擊敗作為第三種構造反論證的途徑。

（3）引入反對函數「－」區分命題間的反對關係和矛盾關係。

（4）將前提集細分為公理集、前提集、假設集和問題集四種不相容子集，並且以前提是否屬於公理集為標準將論證分為穩定論證和似真論證。

（5）擊敗關係（即成功攻擊）依賴於相互衝突的論證之間的偏好、可廢止推論的規則之間的偏好關係以及知識庫中前提之間的偏好關係。

*ASPIC+*抽象論辯框架包含邏輯語言、知識庫定義、論證的遞歸定義、攻擊與擊敗的定義等，運用這個論證框架可以分析論證的組成結構，從而幫助識別不同類型的論證。[1]

定義4.5.1：論辯系統 AS 是一個多元組（L, -, R, $\leqslant$, n），它滿足：

（1）L 是包含否定符號¬的邏輯語言。

（2）函數「-」是一個從 L 到 2^L 的反對函數。如果 $\varphi \in \bar{\psi}$，那麼當有 $\psi \in \bar{\varphi}$ 時，則稱 φ 是 ψ 的反對，否則就稱 φ 與 ψ 是矛盾的。[2]

（3）$R=R_s \cup R_d$ 是一個由嚴格規則集 R_s 與可廢止規則集 R_d 所構成的集合，並且有 $R_s \cup R_d = \varnothing$。

（4）$n: R \longrightarrow L$ 是一個關於可廢止規則的命名函數。

（5）$\leqslant$ 是 R_d 上的偏預序。

定義4.5.2：論辯系統 AS 中的知識庫是一個二元組（K, $\leqslant'$），

---

[1] PRAKKEN H. An abstract framework for argumentation with structured arguments [J]. Argument and Computation, 2010, 1 (2): 93-124.

[2] 在 $\varphi = \neg \psi$ 或者 $\psi = \neg \varphi$ 的情況下都寫作 $\psi = -\varphi$。

其中 $K \subseteq L$ 並且 $K = K_n \cup K_a$，K_n 與 K_a 不相容，K_n 是一個由公理構成的公理集，而 K_a 是一個由假設構成的假設集；≤'是 $K \setminus K_n$ 的偏預序。

定義 4.5.3：在論辯系統 AS 中基於知識庫的論證 A 遞歸定義如下：

（1）如果 $\varphi \in K$ 並且滿足以下條件，那麼 φ 是一個論證：

Prem（A）= $\{\varphi\}$；Con（A）= φ；

Sub（A）= φ；DefRules（A）= $\varnothing$；Toprule（A）= 未定義。

（2）如果 A_1，…，A_n（$n \geq 0$）是論證，存在 $r = Con(A_1) \wedge, \cdots, \wedge Con(A_n) \rightarrow / \Rightarrow \psi$ 滿足以下條件，那麼 A_1，…，$A_n \rightarrow / \Rightarrow \psi$ 是一個論證：

Prem（A）= Prem（A_1）$\cup$，…，$\cup$ Prem（A_n）；Conc（A）= ψ；

Sub（A）= Sub（A_1）$\cup$，…，$\cup$ Sub（A_n）$\cup \{A\}$；

DefRules（A）= DefRules（A_1）$\cup$，…，$\cup$ DefRules（A_n）；Toprule（A）= r。

嚴格規則 $\varphi_1 \wedge$，…，$\wedge \varphi_n \rightarrow \psi$ 表示如果 φ_1，…，φ_n 成立，那麼無一例外地使得 ψ 成立；可廢止規則 $\varphi_1 \wedge$，…，$\wedge \varphi_n \Rightarrow \psi$ 表示如果 φ_1，…，φ_n 成立，那麼假定 ψ 成立。

定義 4.5.4：論證的性質可以定義如下：

（1）如果 DefRules（A）= $\varnothing$，那麼論證 A 是嚴格的。

（2）如果 DefRules（A）$\neq \varnothing$，那麼論證 A 是可廢止的。

（3）如果 Prem（A）$\subseteq K_n$，那麼論證 A 是穩定的。

（4）如果 Prem（A）$\subseteq K \setminus K_n$，那麼論證 A 是似真的。

定義 4.5.5：論證 A 攻擊論證 B 當且僅當：

（1）論證 A 中斷論證 B 中的子論證 B'當且僅當存在 $B' \in Sub(B)$

並且有 $Toprule(B') = r \in R_d$，使得 $Con(A) = -n(r)$。

（2）論證 A 反駁論證 B 中的子論證 B' 當且僅當存在 $B' \in Sub(B)$ 並且有 B' 是樹結構論證，使得 $Con(A) = -\psi$。

（3）論證 A 破壞 B 的子論證 B' 當且僅當存在 $B' = \varphi$，$\varphi \in Prem(B) \setminus K_n$，使得 $Con(A) = -\varphi$。

定義4.5.6：論證 A 擊敗論證 B 當且僅當

（1）論證 A 中斷論證 B。

（2）論證 A 反駁論證 B 中的子論證 B'，並且有 B' 不偏好於 A。

（3）論證 A 破壞論證 B 中的子論證 B'，並且有 B' 不偏好於 A。

論證 A 嚴格擊敗 B 當且僅當 A 擊敗 B 並且 B 不擊敗 A。

三、應用分析

下面將應用以上介紹的可廢止、結構化論證框架以及對應的標記語義來分析一個簡單案例，分別以結構分析與圖式分析的方法清晰地重構案例中法律論證的邏輯結構。案情陳述：某晚在 L 地發生一起凶殺案，法醫鑒定死者 B 死於晚 10 點且刑偵人員確定第一案發現場為 L 地。警方隨後接到舉報，證人 W 說 A 於晚 9：50 出現在案發現場，通過進一步排查，又有一名證人 V 說 A 於晚 10：10 離開案發現場。另外據可靠信息，A 已經於當晚 10 點前死亡。後通過審訊，警方發現證人 V 的證詞前後不一致並且事後查明證人 W 對 A 存在偏見。

（一）論證結構分析

首先給出案件事實的前提集以及規則集如下：

$K_n = \{A$ 在晚 10 點前已經死亡 $\}$；

K_p = ｛法醫鑒定 B 死於晚 10 點且第一案發現場為 L 地；證人 W：A 於晚 9：50 在 L 地；證人 V：A 於晚 10：10 離開 L 地；證人 W 對 A 有偏見；證人 V 的證詞前後矛盾｝；

R_s = ｛R_{s1}：如果 A 在晚 10 點前已經死亡 → A 未謀殺 B｝；

R_d = ｛R_{d1}：如果 B 於時間 T 被謀殺於 L 地，A 於時間 T 在 L 地 $\Rightarrow$ A 謀殺 B；R_{d2}：訴諸專家意見的可廢止規則①；R_{d3}：前進型時間持續的可廢止規則②；R_{d4}：後退型時間持續的可廢止規則③；R_{d5}：訴諸證人證言的可廢止規則④；R_{d6}：訴諸人身攻擊的可廢止規則｝。

下面根據以上給出的前提集及規則集分析案例中包含的論證（用 A_i 表示論證）：

A_1：A 在晚 10 點前已經死亡；

A_2：法醫鑒定 B 死於晚 10 點且第一案發現場為 L 地；

A_3：證人 W：A 於晚 9：50 在 L 地；

A_4：證人 V：A 於晚 10：10 離開 L 地；

A_5：證人 W 對 A 有偏見；

A_6：證人 V 的證詞前後矛盾；

A_7：$A_1 \rightarrow A$ 未謀殺 B（利用 R_{s1} 規則）；

A_8：$A_2 \Rightarrow B$ 於晚 10 點被謀殺於 L 地（利用 R_{d2} 規則）；

A_9：$A_3 \Rightarrow A$ $A_3 \Rightarrow A$ 於晚 9:50 在 L 地（利用 R_{d5} 規則）；

---

① 如果 E 是包含命題 A 的主題領域 S 內的專家並且 E 斷定 A 為真（假），那麼 A 為真（假）。
② 如果當事人 A 於時間 T 在 L 地，那麼 A 於時間 $T+\Delta t$ 也在 L 地。
③ 如果當事人 A 於時間 T 在 L 地，那麼 A 於時間 $T-\Delta t$ 也在 L 地。
④ 如果證人 W 知道 A 是否為真，證人 W 正在表達事實並且陳述 A 為真（假），那麼 A 為真（假）。

A_{10}：$A_4 \Rightarrow A$ $A_4 \Rightarrow A$ 於晚 10：10 離開 L 地（利用 R_{d5} 規則）；

A_{11}：$A_9 \Rightarrow A$ $A_9 \Rightarrow A$ 於晚 10 點在 L 地（利用 R_{d3} 規則）；

A_{12}：$A_{10} \Rightarrow A$ $A_{10} \Rightarrow A$ 於晚 10 點在 L 地（利用 R_{d4} 規則）；

A_{13}：A_8，A_{11}，$A_{12} \Rightarrow A$ 謀殺 B（利用 R_{d1} 規則）；

A_{14}：$A_5 \Rightarrow$ 證人 W 的證詞不被採納（利用 R_{d6} 規則）。

下面分析以上論證的性質以及論證間的擊敗關係：A_1 至 A_7 為嚴格論證並且 A_7 為穩定論證，A_8 至 A_{14} 為可廢止論證並且是似真論證。A_7 反駁擊敗 A_{13}，A_{14} 中斷擊敗 A_9，A_6 破壞擊敗 A_4 以及 A_{10}。

下面以內部結構最複雜的 A_{13} 為例，分析該論證的內部結構：

Prem（A_{13}）｛法醫鑒定 B 死於晚 10 點且第一案發現場為 L 地；證人 W：A 於晚 9：50 在 L 地；證人 V：A 於晚 10：10 離開 L 地｝；

Con（A_{13}）＝｛A 謀殺 B｝；

Sub（A_{13}）＝｛A_1，A_2，A_3，A_4，A_7，A_8，A_9，A_{10}，A_{11}，A_{12}，A_{13}｝；

DefRules（A_{13}）｛R_{d1}：如果 B 於時間 T 被謀殺於 L 地，A 於時間 T 在 L 地 $\Rightarrow A$ 謀殺 B；R_{d2}：訴諸專家意見的可廢止規則；R_{d3}：前進型時間持續的可廢止規則；R_{d4}：後退型時間持續的可廢止規則；R_{d5}：訴諸證人證言的可廢止規則｝；

TopRule（A）＝｛R_{d1}：如果 B 於時間 T 被謀殺於 L 地，A 於時間 T 在 L 地 $\Rightarrow A$ 謀殺 B｝。

(二) 論證圖示分析

為了更清晰地體現論證的邏輯結構，下面採用圖示的方法。在圖4-3中，實線邊框內的命題表示前提以及結論；虛線邊框內的命題表示初始

前提；實線箭頭表示嚴格或可廢止的推論關係；虛線箭頭表示反駁、中斷或破壞擊敗關係；R_s表示嚴格規則，R_d表示可廢止規則。

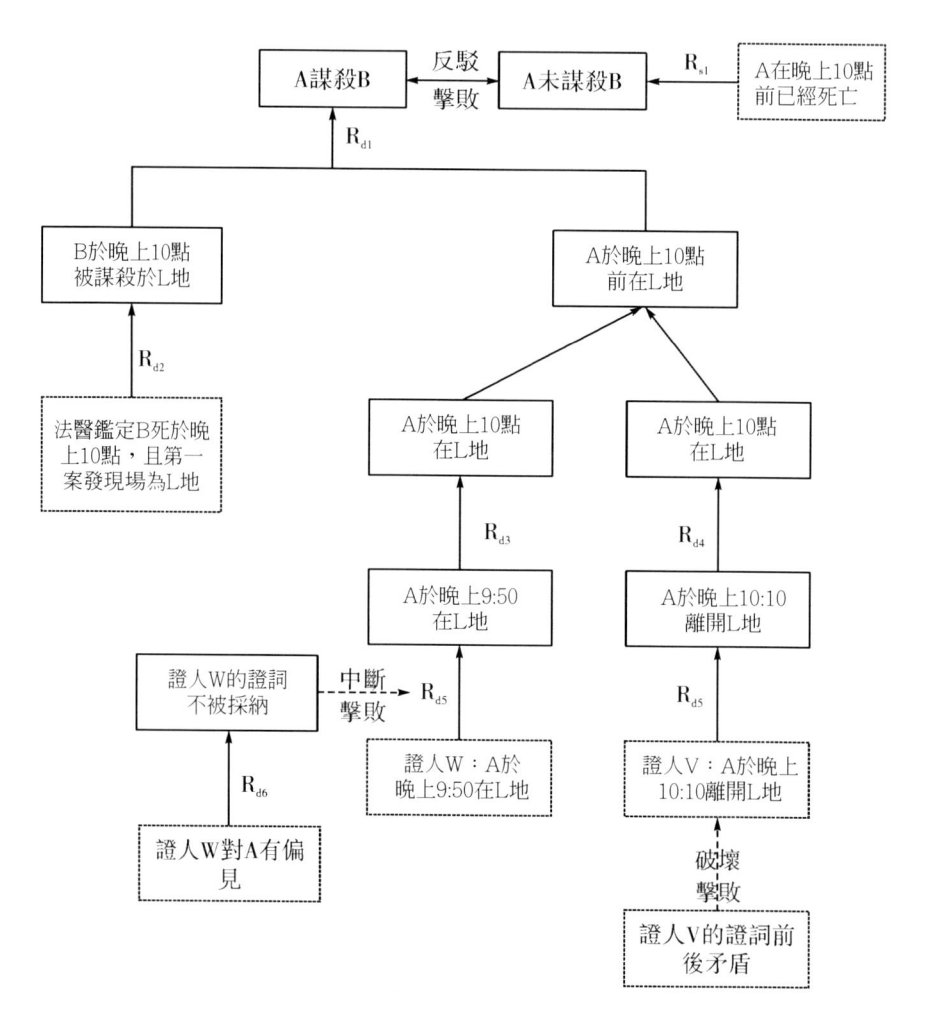

圖 4-3　案例論證結構

以上案例僅作為分析的典範案例，實際案例往往要複雜得多，需要考慮的論證圖式、可廢止規則更多，而且包含前提、衝突規則間的偏好或強度比較等。普拉肯就研究了「Popov 訴 Hayashi 案」的論證重構，

还展示了一个包含多种要素的，复杂却又精确的逻辑结构图式。① 当然，案件中法律论证的真正脉络还受到逻辑框架之外的诸如价值、利益、个人偏好等一系列因素的影响。

第三节　论证与故事的混合模型

弗洛里斯·贝克斯提出了一种综合论证模型和故事模型的混合理论，这种新理论的目标是为了发现和证成刑事案件中的事实，它是通过建模证明的过程来建构案件事实发现和证成的逻辑模型。② 从传统研究进路来看，存在两种方法：基于论证的方法和基于故事的方法。在基于论证的方法当中，论证是通过连续推理的步骤得以展示的，每个推理步骤都包含基本的证据概括：「e 是支持 p 的证据」，这样的一个概括是由作为前提的证据到作为结论的主张的保证。在基于故事的方法当中，故事的构造是关于哪些事件是已经发生了的，它们是可以用证据来加以解释的。基于故事的推理，无论是在事件发生前、发生过程当中或是发生之后都可以用回溯推理来进行刻画，同一个故事中不同的事件和观察可以被表达为回溯概括：「c 是 e 的原因」。表 4-2 简要地展示了两种方法的特征：

---

① PRAKKEN H. Reconstructing Popov v. Hayashi in framework for argumentation with structured arguments and dungeon semantics [J]. Artificial Intelligence and Law, 2012, 20 (1)：57-82.

② BEX F J. Arguments, stories and criminal evidence: A formal hybrid theory [M]. Berlin: Springer, 2011.

表 4-2　論證與故事比較

論證（argument）	故事（story）
證據性	回溯性
原子的	整體的
基於證據庫的推理	關於行動和事件的推理
證明的理性和論辯過程的研究	比較可替的故事的論辯層面
只能在證明的過程中經驗性的檢驗	主要在證明的過程中經驗性的檢驗

　　貝克斯認為兩種進路都有其優點和缺點，但是，無論是論證還是故事都可以看作是「交流的渠道」（communicating vessels），在某些情況下，一個回溯性的、整體的基於故事的模型可以發揮最大的價值；而在另外一些情況下，一個證據性的、原子的論辯性模型也可以是最自然和適用的模型。究竟哪種方法是最適用的不僅依賴於情境，還要依賴於推理人（reasoner）自身。因而，綜合論證和故事的混合理論是一種表達力最強且最靈活的理論，這種混合理論融合了以上兩種理論的優點，使得案件的故事和論證可以在同一個框架得到討論。

　　下面先分別介紹這兩種理論，後介紹混合理論的主要內容。

一、論辯的形式理論

　　論辯的形式理論是建模論證的理論，它屬於混合理論當中的基於論證的研究。根據普拉肯和弗雷斯維克的觀點，一個形式論辯系統包含五個基本要素：基本邏輯、論證的概念、論證間的攻擊關係的定義、論證間的擊敗關係的定義、論證的論辯狀態的定義。貝克斯的基礎邏輯是一

種可廢止邏輯，它建立在語言、DMP 和證據理由的基礎之上。[①]

定義 4.6.1（語言）：令 是任意的一階語言。

（1）一個可廢止概括有形式如：$g_i(\vec{t}) \Rightarrow_T \psi$，其中 $g_i(\vec{t})$ 是根據某個協定的概括的名稱，$(\vec{t})$ 代表概括中的簡單術語（例如變量和常量）。 和 是 中的文字，分別代表概括的前件和後件。下標 T 是 $\{E, C, A\}$ 中的一個元素，它代表了概括的類型，其中 E 是證據性的，C 是回溯性的，A 是抽象的。

（2）一個證據庫的片段有形式如 e_i： ，其中 e_i 是數據的名稱並且 是 中的合式公式。

（3）基於 的可廢止語言 $_d$ 是在 的基礎上增加所有的可廢止概括、證據庫的集合以及可廢止輸出庫的集合的語言。

定義 4.6.2（可廢止推論規則 DMP）：

（1） 和 $g_i(\vec{t}) \Rightarrow_T \psi$ 是 的表面理由，$\neg valid(g_i)$ 在 g_i 的所有例子上中斷 DMP，其中 $valid(g_i)$ 是 $g_i(\vec{t})$：$\varphi \Rightarrow \psi$ 的所有例子的結論性理由。

（2）$exc(g_i(\vec{c}))$ 在 $g_i(\vec{c})$ 上中斷 DMP。

貝克斯總結了六種不同的證據理由。

定義 4.6.3（證據理由）：

（1）知覺（perception）：某人 a 對於 的知覺是某人 b 相信 的表面理由（這裡的 a 和 b 可以是同一個人，也可以不是）。

（2）記憶（memory）：某人 a 回憶 是某人 b 相信 的表面理由

[①] BEX F J. Arguments, stories and criminal evidence: A formal hybrid theory [M]. Berlin: Springer, 2011: 101-151.

（這裡的 a 和 b 可以是同一個人，也可以不是）。

（3）證人證言（witness testimony）：「證人 w 說 」是相信 的表面理由。

（4）專家證言（expert testimony）：「專家 e 說 」（ 屬於領域 d 以及 e 是領域 d 的專家）是相信 的表面理由。

（5）文本證據（documentary evidence）：文本 d 包含了信息 是相信 的表面理由。

（6）一般知識（general knowledge）： 是一般知識是相信 的表面理由。

定義 4.6.4（可廢止邏輯）：令 是一階語言並且令 是由 所定義的結論性理由的任意可靠和完全集合。證據推理的可廢止邏輯是一個二元組 =< $_d$, $_E$>，其中 $_d$ 是定義 4.6.1 所定義的可廢止語言， $_E$ 是在 的基礎上增加可廢止推論規則（定義 4.6.2）和證據理由的拓展（定義 4.6.3）。

定義 4.6.5（證據理論）：一個證據理論 ET 是一個集合 G_E I_E，其中 G_E 是證據概括集，I_E 是證據數據集庫的一致集。

給定一個具體的證據理論以及可廢止邏輯 ，可以定義論證如下：

定義 4.6.6（證據論證）：一個基於證據理論 ET 的論證是一個有限序列 [$_1$, ⋯, $_n$]，其中 n>0，使得對於所有的 $_i$ (1 i n)：

（1） $_i$ ∈ ET。

（2）存在 R_E 中的一個理由 a（結論性或表面理由）使得 $_1$, ⋯, $_m$ ∈ { $_1$, ⋯, $_{i-1}$} 是 $_i$ 的一個理由。

對於任意的證據理論 ET，基於 ET 的論證集可以用 $Args_{ET}$ 來表示。

第四章 基於可計算論辯理論的法律論證理論 | 111

下面還需要定義一些與論證相關的概念。

定義 4.6.7（前提、結論和子論證）：對於任意的論證 A 和 A'

（1）A 的前提集是 $Prem(A) = \{\ \in A |\ \in ET\}$。

（2）A 的結論集是 $Conc(A) = \{\ \in A |\ \ ET\}$。

（3）A 的概括集 $Gens(A) = \{g_i \in A |\ g_i \in G_E\}$。

（4）A' 是 A 的一個子論證當且僅當 A' 是 A 的一個子序列。

（5）如果 A 不包含由 G_E 所得到的概括，那麼 A 是嚴格的；否則，它就是可廢止的。

接下來就可以開始定義論證間的攻擊關係。要說明的是，公式 的補可以表示為 $\bar{\varphi}$。

定義 4.6.8（攻擊關係）：給定兩個論證 $A, B \in Args_{ET}$。

（1）$\ \in A$ 反駁 $\ \in B$ 當且僅當 $\varphi = \bar{\psi}$ 並且 是可廢止論證的結論。

（2）$\lceil \neg (\{\varphi_1, \ldots, \varphi_n\} \gg \psi) \rceil \in A$ 中斷 $\ \in B$ 當且僅當 是由此前 B 中的某個鏈 $_1, \ldots, _{i-1}$ 所得到的。

論證 A 攻擊論證 B 當且僅當 A 中的論證鏈反駁或中斷 B 中的論證鏈。

根據以上定義，下面可以開始證據論證理論了。

定義 4.6.9（證據論證理論）：證據論證理論是一個三元組 $AT = <ET, Args, Attack>$，其中：

（1）ET 是一個證據理論。

（2）$Args（\ Args_{ET}）$是一個在 ET 基礎上建構的論證集。

（3）$Attack（\ Args \times Args）$是包含論證對的二元關係。

定義 4.6.10（論證間的擊敗）：論證 A 擊敗論證 B 當且僅當

$(A, B) \in Attack$。

需要注意的是，這裡的擊敗沒有包含論證的強度或者偏好，這與擊敗通常表示成功的攻擊不相同。

定義 4.6.11（可接受論證和可允許集）：給定某個證據論證理論 $AT = (ET, Args, , Attack, Pref)$

（1）如果不存在論證集 SA 中的某個論證被 SA 中的其他論證所擊敗，那麼就說 SA 是免於衝突的。

（2）論證 A 是關於論證集 SA 可接受的當且僅當對於任意論證 $B \in Args$，使得如果 B 擊敗 A，那麼 B 由 SA 中的某個元素所擊敗。

（3）免於衝突的論證集 SA 是可允許的當且僅當任意 SA 中的論證都是關於 S 可接受的。

定義 4.6.12（偏好語義的狀態賦值）：給定 $AT = (ET, Args, Defeat)$，AT 的偏好擴充是一個極大可允許集。

（1）論證 A 是被證成的當且僅當它屬於 AT 的所有偏好擴充。

（2）論證 A 是可防禦的當且僅當它屬於 AT 的某個偏好擴充。

（3）論證 A 是被否決的當且僅當它不屬於 AT 的任何一個偏好擴充。

二、解釋的形式理論

解釋的形式理論關注解釋性故事的形式化層面。在解釋性理論當中，假說故事應當回溯性地解釋待解釋事物（explananda），在傳統的回溯模型當中，在故事和待解釋事物之間的關係通常被定義為邏輯後承的概念，待解釋事物應當是由表達事件之間關係的回溯概括來得到，因

而解釋的形式理論首先要定義一個包含回溯概括和待解釋事物的回溯理論。

定義 4.7.1（回溯理論）：一個回溯理論是一個集 $CT = G_{CA} \cup F \cup H$，其中：

（1）$G_{CA} = G_C \cup G_A$，其中 G_C 是一個回溯概括的集合併且 G_A 是一個抽象概括的集合。

（2）F 表示待解釋事物，它是可靠的一階文字的一致集。

（3）H 是假設，它出現在 G_{CA} 中的某個回溯概括的前提中的所有可靠文字的集合以及在 $G_{CA} \cup F$ 中的某個概念。

定義 4.7.2（回溯故事）：基於某個回溯理論 CT 的故事是一個有限序列 $[\gamma_1, \cdots, \gamma_n]$，其中 $n>0$，使得對於所有的 $\gamma_i (1 \leq i \leq n)$：

（1）$\gamma_i \in CT$。

（2）根據可廢止肯定前件理由 $\beta_1, \cdots, \beta_n \in \{\gamma_1, \cdots, \gamma_{i-1}\}$ 是 γ_i 的理由。

對於任意的回溯理由 CT，基於 CT 的所有故事集標記為 $Stories_{CT}$。

φ 是由 CT 中 γ-可導出的（標記為 $CT \vdash_C \varphi$）當且僅當存在基於 CT 的故事，該故事只包含回溯概括並且包含作為其最後一個元素的 φ。

φ 是由 CT 中 γ-可導出的（標記為 $CT \vdash_A \varphi$）當且僅當存在基於 CT 的故事，該故事只包含抽象概括並且包含作為其最後一個元素的 φ。

φ 是由 CT 中 γ-可導出的（標記為 $CT \vdash_{CA} \varphi$）當且僅當存在基於 CT 的故事，該故事包含作為其最後一個元素的 φ。

定義 4.7.3（概括、事件和子故事）：對於任意故事 S：

（1）S 中的概括集是 $Gens(S) = \{g_i \in S \mid g_i \in G_{CA}\}$。

(2) S 中的事件集是 $Event(S) = \{a\text{ 是一個可靠文字} \mid a\text{ 出現在 } g_i \in Gens(S)\text{ 的前件或後件當中}\}$。

(3) S 中的初始事件集是 $IniEv(S) = \{a \in Event(S) \mid a\text{ 沒有出現在 } g_i \in Gens(S)\text{ 的後件當中}\}$。

(4) 故事 S' 是 S 的子故事當且僅當 S' 是 S 的子序列。

在定義以上概念的基礎上，下面將解釋定義。

定義 4.7.4（解釋）：給定 CT，故事 S 是文字集 E 的一個解釋當且僅當

(1) 對任意的 e 而言，如果 $e \in E$，那麼由 $e \in Event(S)$。

(2) $S \vDash_{CA}$。

(3) S 不包含有同一個後件的兩個概括。

定義 4.7.5（回溯解釋理論）：$XT = (CT, Expl, Schemes)$ 是一個回溯解釋理論，其中：

(1) $CT = G_{CA} \cup F \cup H$ 是一個回溯理論。

(2) $Expl \subseteq Stories_{CT}$ 是支持待解釋事物的解釋集。

(3) $Scheme$ 是故事圖式集。

下面還需要定義什麼是故事圖式，故事圖式在實質上包含文字圖式和回溯概括圖式。

定義 4.7.6（故事圖式及其組成部分）：

(1) 故事圖式 $G_S \in Scheme$ 是一個由文字圖式和回溯概括組成的集合。

(2) 對於任意的圖式 G_S，集合 $Components(G_S) = G_S \cup \{\ell \mid \ell \text{ 是一個文字圖式} \mid \ell \in G_S \text{ 或者 } \ell \text{ 是 } g_i \in G(S) \text{ 的前件或後件}\}$。

定義4.7.7（對應性）：對應於文字圖式的事件集 E 當且僅當對於 的一個可靠事例：E G_A $_A$ 。

定義4.7.8（概括的對應性）：故事 S 對應於概括 g： $_C$ 當且僅當：

（1）存在事件集 E_1 $Event$（S）使得 E_1 對應於 。

（2）存在事件集 E_2 $Event$（S）使得 E_2 對應於 。

（3）存在 S 的一個子故事 S' 使得：

① E_1 $IniEv$（S'）。

② E_2 $IniEv$（S'）= 。

③對於所有的 $e \in E_2$：（$IniEv$（S'）\ E_1） $Gens$（S） $_{CA}e$。

三、論辯和解釋的混合理論

論辯和解釋的混合理論是由論辯的形式化理論和解釋的形式化理論組合而成的。

定義4.8.1（論辯的解釋理論）：一個論辯性解釋混合理論是一個二元組 $AET =$（AT，XT），其中：

（1）$AT =$（ET，$Args$，$Attack$）是一個證據性論辯理論。

（2）$XT =$（CT，$Expl$，$Schemes$）是一個回溯解釋理論，其中

（3）$CT = G_{CA}$ F H 是一個回溯理論，使得對於任意的 $f \in F$ 是 $Args$ 當中的被證成論證的結論並且 A 的前提包含至少一個 $\in Evidence$（A）。

論辯性解釋理論 AET 在實質上是允許構建和比較故事、論證及其綜合的信息。論辯性部分直接影響了 AET 當中的基於故事的組成部分，

待解釋事物應當是由證據庫通過一個被證成論證所得到的。

判定故事是否符合給定的證據需要考慮三個標準：證據性支持、證據性矛盾和證據間隙。證據性支持指的是關注支持某個事件或回溯關係的證據片段；證據性矛盾指的是與某個事件或回溯關係相矛盾的證據片段；證據間隙指的是某個既沒有受到支持，也沒有被證據所反駁的故事中的事件。下面將以此定義這三個概念。

首先，在定義證據性支持之前需要定義一種直接支持。

定義 4.8.2（直接支持）：（證成的或可辯護的）支持 當且僅當存在一個（證成的或可辯護的）論證 $A \in Args$ 使得 $\in Prem$ (A) 並且 $\in Conc$ (A) 以及 $Prem$ $(A) \setminus \{\ \} $ $_E$ 。

定義 4.8.3（證據性支持）：故事 S 的證據性支持是集合 $E^+(S) = \{\ \in I_E \mid$ 支持某個 $\in S\}$ 。

其次，在定義證據矛盾之前需要定義什麼是矛盾。

定義 4.8.4（矛盾）：給定一個故事 S，（證成的或可辯護的）與 $\in S$ 相矛盾當且僅當

（1）（證成的或可辯護的）支持 $\bar{\psi}$；或者

（2）（證成的或可辯護的）支持 $\lceil \neg (\{X_1, \cdots\cdots, X_n\} \gg \psi) \rceil$ 並且 是從 S 中的某些較早的事件 $X_1, \cdots, X_n$ 通過應用表面理由來得出的。

定義 4.8.5（證據性矛盾）：故事 S 的證據性矛盾是集合 $E^-(S) = \{\ \in I_E \mid$ 與 $\in S$ 相矛盾$\}$ 。

最後，證據性間隙可以定義如下：

定義 4.8.6（證據性間隙）：故事 S 的證據性間隙是集合 $E^G(S) = \{a \in Events(S) \mid$ $\in I_E$ 使得 支持 a 或者 與 a 相矛盾$\}$ 中的

要素。

一個故事符合連貫性（coherence）需要滿足三個標準：內部一致性、似真性和完全性。內部一致性需要嵌套在解釋的定義當中，這種性質不是指故事的一致性程序，而是質疑如果某個故事是一致的，那麼內部自相矛盾的解釋就不可能受到支持，因為這會要求接受矛盾的證據。

故事的似真性是回溯概括和證據性間隙由基於知識庫 G_E 的清晰論證所支持的程度。基於 G_E 的論證可以被某個故事支持或與之相矛盾，所以除了定義某個概括的似真性，還可以定義非似真性。

定義 4.8.7（似真性）：故事 S 的似真性是一個集合 $P^+(S) = \{$ $\in S \mid$ 是由某個 $\in G_E$ 所支持並且不存在 $\in I_E$ 使得 支持 $\}$。

定義 4.8.8（非似真性）：故事 S 的似真性是一個集合 $P^-(S) =$ $\{$ $\in S \mid$ 是與某個 $\in G_E$ 相矛盾並且不存在 $\in I_E$ 使得 與 相矛盾$\}$。

故事的連貫性還需要定義故事圖式的完全性，故事圖式的完全性體現在兩個方面：一是如果對於某個框架的每個要素都有對應的狀態或事件，那麼就說明這個故事補全該故事框架；二是如果對於某個故事的所有要素都對應框架中的某個要素，那麼就說明這個故事符合該故事框架。

定義 4.8.9（補全框架）：一個故事 S 補全故事框架 G_S 當且僅當：

（1）對於每個單獨的組成部分 $\in Components(G_S)$，存在一個事件集 E $Event(S)$ 使得 E 對應於 。

（2）每個概括 $g_i \in G_S$ 對應於 S。

定義 4.8.10（符合框架）：故事 $S \in Expl$ 符合故事框架 $G_S \in Scheme$ 當且僅當對於所有的 $e \in Events(S)$，存在某個集合 E 使得 E 對應於某

個 $\in Components$（G_s）。

定義 4.8.11（似真故事框架）：框架 $G_s \in Scheme$ 是一個似真框架當且僅當不存在 $\in ET$ 與 G_s 中的概括的一個可靠事例或 G_s 的一個組成部分相矛盾。

定義 4.8.12（完全性）：故事 $S \in Expl$ 是完全的當且僅當它補全並且符合某個似真故事框架 $G_s \in Scheme$。

上文定義內容就是混合理論的基本內容，但是這些定義都是從靜態的角度展示論證和故事的混合模型，但是在司法證明過程中的參與方的動態特點還沒有得到刻畫。如何比較、評估論證和故事必須從動態的視角來研究，而這部分內容恰是貝克斯的混合理論的核心部分。貝克斯認為證明過程的動態性可以建模為一個對話博弈，它為對話提供了規則和原則的集合。

定義 4.8.13（對話博弈）：對話系統是一個多元組 $DG =$（$Players$, L_C, $Moves$, U, C, $<$, $<_a$, $Winner$, $Turn$, P）。

$Players$ 是博弈方的集合，L_C 是交流語言，$Moves$ 是對話中可能的行動，U 是判定 AET 理論組成的更新函數，C 是判定博弈方承諾的函數，$<$ 和 $<_a$ 是基於解釋的序列，$Winner$ 是判定博弈中當前的獲勝者，$Turn$ 判定輪換到哪一方行動，P 是判定可允許行動的協議。

定義 4.8.14（博弈方）：集合 $Players = \{p_1, \cdots, p_n\}$ 是一個有限集，p_i 是對話中的博弈方，n 2。

定義 4.8.15（交流語言）：交流語言 L_C 是一個會話行為集。每個行為有形式如 a（c），其中 a 代表了行動，c 代表了行動的內容。在 L_C 中行動的類型有：

（1）爭論 A。

（2）解釋 (E, S)。

（3）符合 (S, G_S, G_A)。

（4）承認 。

（5）收回 。

定義 4.8.16（行動及對話）：

（1）行動可以被定義為 $Players \times L_c$，其中行動 m 的要素分別標記為：

  $-pl(m)$ 表示行動的博弈方；

  $-sa(m)$ 表示行動中給出的會話行為。

（2）有限對話集 D 是所有有限行動序列 $m_1, \cdots, m_n$ 的集合。

在以上基本定義的基礎上，下面就可以開始定義對話中的混合理論。

定義 4.8.17（初始理論）：$AET(d)$ 表示對話 (d) 之後的混合理論 AET。初始理論 $AET(d_0)$ 有限制如：$F(d_0)$ 　。

定義 4.8.18（對話中的混合理論）：更新函數是函數 $U: D \rightarrow AET$，$AET(d, m)$ 可以定義如下：

（1）如果 $sa(m) =$ 爭論 A，那麼：

①$G_E(d, m) = G_E(d)$　$Gens(A)$。

②$I_E(d, m) = I_E(d)$　$Evidence(A)$。

③$Args(d, m) = Args(d)$　$\{A\}$。

④$Attack(d, m)$ 根據論證間的攻擊定義來更新。

（2）如果 $sa(m) =$ 解釋 (E, S)，那麼：

①$GC(d, m) = GC(d) \cup Gens(S)$。

②$H(d, m) = H(d) \cup Events(S)$。

③$Expl(d, m) = (Expl(d) \cup \{S\})$。

(3) 如果 $sa(m) = $ 符合(S, GS, GA)，那麼：

①$Schemes(d, m) = Schemes(d) \cup \{GS\}$。

②$GCA(d, m) = GCA(d) \cup GA$。

(4) 如果 $sa(m) = retract(\ )$，那麼：

如果 $\forall p \in Players$：$\in C_p$，那麼：

① 從 $CF(d)$ 或 $ET(d)$ 中所對應的要素中剔除。

②對任意論證 A 使得 $\in A$ 從 $Args$ 中被剔除。

③對任意解釋 S 使得 $\in S$ 從 $Expl$ 中被剔除。

定義 4.8.19（承諾規則）：承諾函數是一個函數 $C: D \times Players \to (\ _d)$。

$C_p(d)$ 表示博弈方 p 在對話 (d) 之後的承諾。

對於任意的博弈方 p，初始博弈有限制條件如：$\in C_p(d_0)$ 當且僅當 $\in ET(d_0)$ 或者 $\in CF(d_0)$。

$C_p(d, m)$ 可以被定義如下：

(1) $C_p(d, 爭論 A) = C_p(d) \cup Prem(A)$。

(2) $C_p(d, 解釋(F, S)) = C_p(d) \cup Gens(S) \cup Events(S)$。

(3) $C_p(d, 符合(S, G_S, G_A)) = C_p(d) \cup G_S \cup G_A$。

(4) $C_p(d, 承認\ ) = C_p(d) \cup \{\ \}$。

(5) $C_p(d, 收回\ ) = C_p(d) \setminus \{\ \}$。

在混合理論中，可能存在多個解釋，那麼還需要判定哪一個解釋是最佳解釋，這個最佳解釋應當是獲勝方所承諾的解釋。在以上定義的基礎上，還可以定義一種比較解釋的方法。

定義 4.8.20（比較解釋）：給定兩個解釋 S_i 和 S_j，一個偏序函數可以定義如下：

(1) 如果 $E^+(S_i) \subset E^+(S_j)$ 並且 $E^-(S_i) \supseteq E^-(S_j)$，那麼 $S_i < S_j$。

(2) 如果 $E^+(S_i) \subseteq E^+(S_j)$ 並且 $E^-(S_i) \supset E^-(S_j)$，那麼 $S_i < S_j$。

(3) 如果 $E^+(S_i) = E^+(S_j)$ 並且 $E^-(S_i) = E^-(S_j)$，那麼

– 如果 $P^+(S_i) \subset P^+(S_j)$ 並且 $P^-(S_i) \supseteq P^-(S_j)$，那麼 $S_i < S_j$；

– 如果 $P^+(S_i) \subseteq P^+(S_j)$ 並且 $P^-(S_i) \supset P^-(S_j)$，那麼 $S_i < S_j$；

– 如果 $P^+(S_i) = P^+(S_j)$ 並且 $P^-(S_i) = P^-(S_j)$，那麼

– 如果 $E^G(S_i) \supset E^G(S_j)$，那麼 $S_i < S_j$；

– 如果 $E^G(S_i) = E^G(S_j)$，那麼 $S_i = S_j$。

如果以上條件不成立，那麼 S_i 和 S_j 是不可比較的。

以上比較解釋的方法的缺點是這樣的比較標準可能會存在故事無法比較的情況。另一種比較解釋的方法是通過考慮證據性支持、證據性矛盾、似真性和非似真性、證據性間隙來定義解釋之間的排序。

定義 4.8.21（比較解釋 II）：給定兩個解釋 S_i 和 S_j，一個全預序函數 $\leq_a$ 可以定義如下：

(1) 如果 $|E^+(S_i)| < |E^+(S_j)|$ 並且 $|E^-(S_i)| \geq |E^-(S_j)|$，那麼 $S_i <_a S_j$。

(2) 如果 $|E^+(S_i)| \leq |E^+(S_j)|$ 並且 $E^-(S_i) > |E^-(S_j)|$，那麼 $S_i <_a S_j$。

(3) 如果 $|E^+(S_i)| = |E^+(S_j)|$ 並且 $E^-(S_i) = |E^-(S_j)|$，那麼

— 如果 $\exists G_{S1} \in Schemes$ 使得 S_i 完全符合 G_{S1} 並且 $\exists G_{S2} \in Schemes$ 使得 S_j 完全符合 G_{S2}，那麼 $S_i < S_j$；否則

— 如果 $\exists G_{S1} \in Schemes$ 使得 S_i 是關於 G_{S1} 完全的並且 $\neg \exists G_{S2} \in Schemes$ 使得 S_j 是關於 G_{S2} 完全的，那麼 $S_i < S_j$；否則

— 如果 $|P^+(S_i)| < |P^+(S_j)|$ 並且 $|P^-(S_i)| \geq |P^-(S_j)|$，那麼 $S_i <_a S_j$；

— 如果 $|P^+(S_i)| \leq |P^+(S_j)|$ 並且 $|P^-(S_i)| > |P^-(S_j)|$，那麼 $S_i <_a S_j$；

— 如果 $|P^+(S_i)| = |P^+(S_j)|$ 並且 $|P^-(S_i)| = |P^-(S_j)|$，那麼：

如果 $|EG(S_i)| > |EG(S_j)|$，那麼 $S_i <_a S_j$；

如果 $|EG(S_i)| = |EG(S_j)|$，那麼 $S_i =_a S_j$。

以上排序可以被用於判定對話的當前獲勝者，獲勝者可以被定義為一個函數，它用於根據排序來判定承諾最佳解釋的博弈方。直觀上看，如果博弈方在 AET 中承諾的解釋比其他解釋都要好，那麼就說他是當前的獲勝者。獲勝者這個概念的定義還被用於控制輪換（turntaking），也就是判定輪到哪一方來給出行動。

為了規範對話中的每一步有哪些行動是被允許的，也就是對話認可

的有效行動，還需要定義對話的協議（protocol）。本質上，協議定義的是博弈的規則並且它保證博弈方的行動與對話的要求是相關的。

第四節　可計算論辯的應用系統

可計算論辯的應用系統屬於本章引言所說的第二個層次，本節關注形式化程度較高且有一定應用性的系統或模型。由於這個層次的論辯系統分類繁雜且數目龐大，本書僅簡單介紹人工智能與法領域內的比較典型的應用形式化系統。由於建模論證的方法及目標不同，在人工智能與法律領域內，論證的應用形式化系統大體可以分為以下四類：

一、基於對話或論辯的形式系統

這類系統可以為現實世界中的爭論、談判、批判性討論、說服等理性行為提供模型或規範。1970年漢布林在《謬誤》一書中發展了一類形式論辯模型[1]，1978年洛倫岑與洛倫茨正式提出了一個用形式化方法刻畫對話博弈行為的對話邏輯理論[2]，1982年巴斯及克羅貝在《從公理到對話》中首次將邏輯系統分為三個不同的維度：第一個維度是構成邏輯系統語言的句法，包括邏輯常項、句子構造規則以及索引詞；第二個維度是討論邏輯系統在比較有效及無效論證時的能力強弱，即邏輯系統的推演能力；第三個維度是討論同一類邏輯系統可以表達為公理形式、

---

[1] HAMBLIN C. Fallacies [M]. London: Methuen, 1970.
[2] LORENZEN P, LORENZ K. Dialogische logik [M]. Darmstadt: Wissenschafliche BuchgesellschaFt, 1978.

推論形式、模型論形式以及論辯形式，其中，將邏輯系統轉化為論辯形式極大地激勵了論辯形式化理論的發展。① 此外，比較典型的成果還包括麥肯齊的 DC 對話系統和辛提卡的博弈論語義學等。

人工智能與法領域的對話及論辯系統能夠刻畫法律活動中對話行動、博弈規則以及參與者的證明責任等，而且可以很好地建模法律推理的可廢止性。這樣一類系統或多或少地受到了佩雷爾曼的修辭學理論、圖爾敏模型以及上述對話系統的影響。1987 年加德納（A. Gardner）就美國合同法建構了一個可以區分簡單與複雜問題的問題 Spotting 模型。1993 年戈登就美國商務法規提出了一個訴訟博弈模型並在此基礎上與 Karacapilidis 合作發展了一類 Zeno 系統。洛德發展了一類比戈登的訴訟博弈模型刻畫能力更強的 Dialaw 模型。此外，這類模型或系統還有普拉肯與沙托爾的可廢止訴訟博弈框架、弗里曼（K. Freeman）與法利（A. Farley）的 DART 系統、卡朋的 TDG 系統以及新田（K. Nitta）的 HELIC 軟件等。

二、基於先例的形式系統

這類系統最早的成果是麥肯錫（T. McCarthy）在 1977 年給出的納稅人工程（TAXMAN），1987 年里斯蘭德（E. Rissland）與阿什利（K. Ashley）提出了第一個利用法律先例建模對話的 HYPO 系統。隨後又出現了一批用於法律實踐教學的應用系統，包括 Routen 在 1991 年發展的 STATUTOR 系統，1992 年里斯蘭德與斯卡拉克，阿什利與艾里文（V. Aleven）分別在 HYPO 系統的基礎上發展的 CABARET 系統和

---

① KRABBE E, ERIK C W. From axiom to dialogue [M]. New York: De Gruyter, 1985.

CATO 系統，斯潘（G. Span）在 1994 年發展的 LITES 系統。此外，比較成熟的成果還有里斯蘭德與斯卡拉克在 1996 年開發的 BankXX 系統，布蘭廷（L. Branting）於 1997 年開發的 GREBE 系統。在這類系統中，法律論證是聯繫過去判決與現在判決的橋樑，論證序列產生於比較先例與當前案例的相似性與不同點的過程中，系統應用的過程在實質上是論證產生與運用的過程。下面我們將簡單討論 HYPO 是如何運用基礎論證的。

　　HYPO 是一個典型的基於案例的靜態論辯系統，它使用固定的案例事實集合作為前提構造三方論證（並非指三方主體），第一方是給出基礎論證，第二方是攻擊基礎論證的論證，第三方是攻擊第二方的論證。那麼按照我們在基礎論辯系統中關於論證狀態的討論，可以說第三方論證是恢復或保護第一方論證的，並且如果第二方論證不被恢復的話，那麼第一方論證和第三方論證都是被證成的。容易得出結論，作為第二層次的論證形式化系統 HYPO 同樣是作為第一層次的基礎系統的應用化。羅斯與維黑雅認為基於案例的推理是法律中論證的普遍類型，法律結論由已判決的案例所支持。如果已判決的案例與當前案例足夠的相似，那麼按照援例原則（stare decisis）應該支持得出同樣的結論。支持這一個過程的方法主要是規則提煉方法以及案例比較方法。在比較案例的方法中，案例可以被認為是論證和判決的權威來源，比較案例的方法可以將案例看作是論證和判決的集合。[1]

---

[1] ROTH B, VERHIJ B. Cases and dialectical arguments–approach to case–based reasoning [M]. Berlin: Spinger, 2004.

三、基於規則的專家系統

20世紀80年代至90年代初期,人工智能與法領域研究的主要內容是法律專家系統,後來又稱為法律知識系統,法律專家系統包含某些部門法的知識並且能夠表達和解決具體問題,這些系統也常被稱為判決支持系統。1984年,由IE軟件公司推出的資料保護系統(DPA)是第一個有關資料保護諮詢的市場化的軟件系統,也是第一個市場化的專家系統軟件,它可以用於支持構造基於規則的專家系統的發展。DPA可以容納400條規則並且可以表達200個問題,通過使用者回答以及程序中的規則使用、DPA提出主張並得出相應結論,DPA可以作為資料保護法在立法、執行以及評估過程中的支持系統。1990年,Katia Sycare發展了一種智能計算機支持的通過商談或調解來解決衝突的PERSUADER,他主張論證的構造是通過結合案例推理、圖式搜索以及主體效用的近似判斷而形成的。Kraus、Sycara以及Evenchikfor於1998年在此基礎上發展了一個形式化程度更高的更新模型。

四、構造論辯系統

這類系統採用圖式表達的方法,可以很清晰地刻畫複雜論證的結構以及論證間的關係網絡。比較典型的系統包括維黑雅的基於CumulA系統的Argue!以及基於Deflog的ArguMed系統、路易斯的Room5系統、里德的Araucaria系統、布拉克的Aver系統、卡朋以及Stranieri的Split-Up系統。構造系統不同於基於規則及案例的系統,後者必須依賴於由案例和規則組成的知識庫,而知識庫的不完備性及可廢止性往往使得這類系

統在生成、運用及評估的過程中更為複雜，相比而言，構造系統可以在一個更直接、清晰的框架內構造論證、選擇論證並最後得出結論，這一特點也使得該方法在法律教學和商務談判方面得到越來越廣泛的應用。

需要注意和說明的是，這裡劃分的依據是按照系統所具備的突出屬性的標準來進行分類的，如 HYPO 系統既是基於案例的形式系統，也是基於對話和論辯的形式系統，但由於它是一個靜態的論辯系統，缺乏動態系統的特性，而且更突出的問題是系統的運行依賴於案例的輸入及識別的特點，所以將其劃分為基於案例的形式系統這一類。又如，路易斯的 Room5 系統以及維黑雅的 Argue! 系統既是構造系統同時也是基於對話的系統，但系統的構造特性較對話特性更為突出，故將其劃分為構造系統這一類。

第五節　可計算論辯理論的優缺點

法律論證的可計算論辯理論相較於非形式邏輯路徑以及法哲學路徑具有以下特點：①作為方法論，它倡導法律論證的理論研究應該由宏觀的模糊分析轉向精致的微觀描述，具有精確、可計算以及表達和刻畫能力強等特點。[1] ②作為方法，它提供多種規範模型幫助法律職業者識別、構造論證並比較、評估論證，尤其適用於處理包含大量證據及複雜推定的疑難案件。不僅如此，論辯系統還可以看作是支持人工智能與法

---

[1]　可計算論辯模型的引入對人工智能與法本身也有著促進作用。例如，普拉肯等認為圖解論辯系統可以避免「知識接收瓶頸」的難題，這類系統不必要接收應用於解決問題的知識，而是直接與較為完備的法律知識來源相聯繫，並通過構造論證的方法使問題直觀化。

系統運轉的處理器，處理器的運行是接受已有信息作為事實前提，經過論證中的推理機制及約束規則加以處理後，給出策略或結論並對反饋做出回應的動態過程。

當然，法律論證的模型化方法同樣面臨著諸多挑戰：①就理論模型而言，需要更好地考量諸如不同法系間的證明責任及證明標準等法律要素，語義模型評價論證需要由描述論證的若干狀態轉向刻畫精確度或概率，更為緊迫的是目前還缺乏精細刻畫訴訟證明的模型方法。②就實踐模型而言，絕大部分應用系統處理自然語言論證的能力較弱，由於司法實踐中包含法律論證的理性活動大都依賴於人的主觀判斷（如麥考密克的後果主義論證），諸多選擇和判決都表現為特殊價值和目的的偏好，這些都給法律論證實踐模型的開發與普及帶來了巨大挑戰。①③更為突出的問題是系統自身存在的缺陷，目前的應用系統大部分都僅僅是典範系統，而不是可以直接使用的系統，現有的很多形式理論成果還不足以達到通過計算機程序加以實現的階段。

除此之外，可計算論辯理論還面臨著其自身發展的困境。眾所周知，知識表達和常識推理是人工智能研究的主題之一，處理前者需要建立一個完全無所不包的常識知識庫，但這必須訴諸大量的本體論工程。處理後者總是面對不完全信息和不一致信息的情況。人工智能與法在構建論證形式系統時同樣是接受知識並加以表達的過程，難以避免「知識接收瓶頸」的問題。然而，普拉肯卻認為基於論證的構造系統（即本

---

① 「例如芝加哥大學的知名教授桑司坦就曾撰文質疑過人工智能與法律推理研究的有效性。在他看來人工智能、計算機系統再聰明也無法模擬複雜多變的人的頭腦，而法律活動乃是一樣高水準的腦力活動，不管以後如何，至少在目前還看不到在這個領域中計算機有取代人的可能。」（於興中. 人工智能、話語理論與可辯駁推理 [J]. 法律方法與法律思維，2005 (1)：115-129.）

書所提及的構造論辯系統）可以避免知識接收瓶頸的問題，因為此類系統不需要接收應用於解決問題的知識，而是直接與較為完備的背景法律知識檔案來源相聯繫，通過構造論證的方法使問題直觀化，以幫助系統使用者理清並解決問題，它同樣支持可廢止論證以及在不同觀點的對話及爭論分歧下發生的論證。①

儘管論辯的應用系統有這樣那樣的問題，但是仍然不斷有學者做出有益的嘗試，例如，為拉近抽象論辯模型與自然論證的距離，克羅斯懷特（J. Crosswhite）以及福克斯（J. Fox）等人提出了構造修辭論證的可計算模型的設想；吉爾伯特（M. Gilbert）以及格拉索（F. Grasso）等人在論證和可計算機語言的框架內討論了一類叫作說服機器的模型。另外，如本書所述，應用系統與基礎理論在本質上是相互補充、相互制約的，發展應用系統首先要發展其所依賴的基礎理論，所以，加強基礎論辯模型的研究是一項必要且大有裨益的工作。

---

① PRAKKEN H. AI & law on legal argument: Research trends and application prospects [J]. Law, Technology & Society, 2010, 5 (3): 449-454.

第五章 非形式邏輯的形式化

第一節 非形式概念的形式化

論證的人工智能模型自20世紀90年代末誕生以來在刻畫非單調推理、建模多主體系統等方面有著出色的表現。1987年美國哲學家波洛克區分了演繹推理與可廢止推理，並且給出攻擊命題和攻擊理由的兩種攻擊關係。1989年林方真和肖海姆（Y. Shoham）在吸收傳統缺省邏輯、限定邏輯等非單調邏輯的基礎上發展了第一個基於謂詞邏輯的形式論辯系統，該系統給出了論證的形式化定義，但是沒有考慮衝突論證間的攻擊類型。① 1995年P. M. Dung在國際權威期刊《人工智能》上發表的論文《論證的可接受性以及它在非單調邏輯中的基本作用》首次給出了一種刻畫衝突論證的可接受性的抽象論辯語義，它被認為是形式論辯理論的奠基性理論。② 在人工智能學家看來，形式論辯理論是一類

---

① LIN F, SHOHAM Y. Argument systems: A uniform basis for nonmonotonic reasoning [C] // Proceedings of the 1st International Conference on Principles of Knowledge Rrepresentation and Reasoning, 1989.

② DUNG P M. On the acceptability of arguments and its fundmental role in nonmonotonic reasoning, logic programming and n-person games [J]. Artificial Intelligence, 1995, 77 (2): 321-357.

特殊的邏輯系統，對應於現代邏輯系統的基本構成，論證框架對應於邏輯句法、論證語義對應於邏輯語義、論證博弈對應於證明理論。[1] 近些年來，人工智能開始被應用於表達和刻畫非形式邏輯，主要體現在以下幾個方面：

一、論證概念的表達

當代論證理論對論證概念的定義根據自身的理論需要各有差異，但普遍的共識是：一個論證由前提、結論以及規則三個部分組成，而且論證既可以被其他論證所支持，也可以被其他論證所攻擊。論證的定義可以分為兩類，一類是將論證簡單定義為前提—結論式序列，這種方法不考慮論證的內部結構。例如，波洛克將論證定義為一個由序對<X_i, p_i, β_i>表示的線性論證，其中 X_i 是第 i 個層次上的一個命題集合，p_i 是由 X_i 得到的命題，β_i 是第 i 個層次上的一個序對<λ_i, R_i>，R_i 表示第 i 個層次上使用的規則，λ_i 表示由第 i 個層次通過規則 R_i 推出的論證層次的數字集合。[2] 第二種類型是通過遞歸定義前提、結論、規則以及子論證等概念來體現論證的內部結構。普拉肯在結構化論證框架 ASPIC+ 中通過遞歸定義論證的基本組成部分定義了論證的內部結構，這也是目前最精細的論證定義。[3] 論證可以定義如下：

如果 A 是一個形式如 A_1, ⋯, $A_n \to / \Rightarrow \psi$ 的論證，那麼需要滿足以

---

[1] PRAKKEN H, VREESWIJK G. Logics for defeasible argumentation [M] // GABBAY D, GUENTHNER F. Handbook of Philosophical Logic. Dordrecht: Kluwer Academic Publishers, 2002.

[2] POLLOCK J L. Self-defeating arguments [J]. Minds and Machines, 1991, 1 (4): 367-392.

[3] PRAKKEN H. An abstract framework for argumentation with structured arguments [J]. Argument and Computation, 2010, 1 (2): 93-124.

下條件：

$Conc(A) = \psi$；

$Prem(A) = Prem(A_1) \cup, \cdots, \cup Prem(A_n)$；

$Sub(A) = Sub(A_1) \cup, \cdots, \cup Sub(A_n) \cup \{A\}$；

$DefRules(A) = DefRules(A_1) \cup, \cdots, \cup DefRules(A_n)$；

$Toprule(A) = r = Con(A_1) \wedge, \cdots, \wedge Con(A_n) \rightarrow/\Rightarrow \psi$。①

根據論證包含嚴格規則和可廢止規則將論證分為嚴格論證和可廢止論證，根據論證的前提是否屬於公理集將論證分為穩定論證和似真論證。

二、攻擊類型和擊敗關係的定義

非形式邏輯的攻擊類型在人工智能學家看來可以歸結為三種攻擊類型：質疑前提的破壞攻擊、反駁結論的反駁攻擊以及懷疑可廢止規則的中斷攻擊。例如，提出批判性問題以及提出前提與結論不相干的方式都可以歸結為攻擊可廢止規則。波洛克最早討論了兩種攻擊類型：如果 M 是 S 相信 Q 的一個可廢止理由，那麼 $M*$ 是該理由的一個反駁攻擊者（rebutter）當且僅當 $M*$ 是一個攻擊者並且 $M*$ 是 S 相信 $\sim Q$ 的一個理由；如果 P 是 S 相信 Q 的一個可廢止理由，那麼 $M*$ 是該理由的一個中斷攻擊者（undercutter），當且僅當 $M*$ 是一個攻擊者並且 $M*$ 是懷疑或拒斥「如果 P 為真，那麼 Q 為真」的一個理由。② 簡單地說，攻擊

---

① Prem(A)、Conc(A)、Sub(A)、DefRules(A)、Toprule(A) 分別表示論證 A 的前提、結論、子論證、可廢止推論規則以及最後一個可廢止推論規則。

② POLLOCK J L. Contemporary theories of knowledge [M]. Lanham MD: Rowman-Littlefield, 1987.

結論的攻擊類型被稱為反駁攻擊，而攻擊理由的攻擊類型被稱為中斷攻擊。這種劃分也逐漸被後來的人工智能學家所接受，他們在不同的論辯系統中給出了不同的形式化定義。例如，普拉肯在 ASPIC+ 中還增加了攻擊前提的破壞攻擊者（underminer），由此得到的三種攻擊類型定義如下：

（1）A 中斷 B（關於 B'）當且僅當對論證 B' ∈ Sub（B）有 Conc（A）∈ ¬n（r），使得 Toprule（B'）= r 是可廢止的。

（2）A 反駁 B（關於 B'）當且僅當對論證 B' ∈ Sub（B）有 Conc（A）∈ ¬φ，使得 Conc（B'）= φ。

（3）A 破壞 B（關於 B'）當且僅當對論證 B' ∈ Sub（B）有 Conc（A）∈ ¬φ，使得 φ ∈ Prem（B）。[1]

擊敗關係是一類成功的攻擊關係，它的定義需要訴諸論證間偏好的比較，論證 A 擊敗 B 當且僅當 A 反駁 B（關於 B'）且有 A 偏好於 B，或 A 破壞 B（關於 φ）且有 A 偏好於 φ，或 A 中斷 B。[2] 需要說明的是攻擊前提和結論的攻擊類型都是對稱的，其構成擊敗關係必然要比較衝突論證間的偏好；而攻擊可廢止推論規則的攻擊類型是單向攻擊關係，它可以直接構成擊敗關係。

三、圖解方法和論證結構的形式化

人工智能可以表達非形式邏輯關於論證的結構理論，並且能夠給出

---

[1] PRAKKEN H. An abstract framework for argumentation with structured arguments [J]. Argument and Computation, 2010, 1 (2): 93-124.

[2] PRAKKEN H. An abstract framework for argumentation with structured arguments [J]. Argument and Computation, 2010, 1 (2): 102.

更好的分類。在沃爾頓總結的論證結構分類中，單一結構是由一個前提支持結論的論證；序列結構是一類由子論證的結論支持其他結論的論證；閉合結構是一類由多個前提共同支持結論的論證；收斂結構是一類由多個論證獨立支持結論的論證；複合結構是一類至少由兩個前述論證結構組合而成的論證。① 實質上，論證結構的非形式定義關注前提、推論規則以及結論三者之間的組合方式，但是由於論證是由一個前提集通過一個推論規則得到一個結論的形式，因此這種分類存在兩個缺陷：一是收斂結構以及發散結構都不是論證，而是由論證構成的組合結構；二是這種非形式劃分不完全，存在部分沒有被談及的論證類型並且部分論證結構並不是論證。為彌補以上缺陷，筆者與普拉肯合作給出了一種基於結構化論證框架的完全劃分方法，例如，論證 A 是單一型論證當且僅當它有形式如 $B\rightarrow/\Rightarrow\varphi$ 並且子論證 B 是一個原子論證 $B:\varphi$；論證 A 是聯合型論證當且僅當它有形式如 $B_1,\cdots,B_n\rightarrow/\Rightarrow\varphi$ 並且有子論證 $B_1,\cdots,B_n$ 是原子論證 $B_1:\varphi_1,\cdots,B_n:\varphi_n$。②

　　論證的結構多以圖解方式得以展現，主流的非形式論辯理論都對圖解方法有所討論。圖解方法可以清晰地表達論證的前提和結論以及論證之間的支持和攻擊關係，並且可以直觀地分辨出論證的組合結構和類型。由於人們在日常論證實踐中可能會省略前提，因而圖解方法還有助於幫助填補缺失的前提，使省略論證完整。形式論辯理論研究了構圖方法的可視化，已經產生了在不同論辯模型基礎上生成的圖解應用系統。

---

① WALTON D N. Fundamentals of critical argumentation [M]. Cambridge: Cambridge University Press, 2006.

② WEI B, PRAKKEN H. Defining the structure of arguments with AI models of argumentation [C] // Proceedings of ECAI-12 Workshop on Computational Models of Natural Argument, 2012: 60-64.

例如，維赫雅基於內部結構模型 CumulA 的 Argue！系統以及基於 DeFlog 的 ArguMed 系統；里德與羅韋（G. Rowe）合作開發的描述雙極論辯模型的 Araucaria 系統等。

四、論證圖式的形式化

普拉肯認為從人工智能角度將論證圖式看作是可廢止規則並且將批判性問題看作是不同類型的反論證。[①] 以沃爾頓給出的訴諸因果聯繫的論證圖式為例：「大前提：A 和 B 之間存在正因果相關性，結論：A 導致 B。」[②] 將其轉化為可廢止推論圖式的方式是添加一個條件句前提：「如果 A 和 B 之間存在正因果相關性，那麼 A 導致 B。」由於基於論證圖式的論證不具備保真性，因而它是可廢止的，這種可廢止性往往是通過提出針對性的批判性問題來實現的。沃爾頓認為訴諸因果聯繫的論證圖式一般存在三個基本的批判性問題，它們分別是：①是否真的存在 A 和 B 之間的聯繫呢？②是否存在理由證明這種聯繫不是一個巧合？③可能存在其他的第三種因素 C 是導致 A 和 B 的原因？[③] 按照普拉肯的方法，容易得到問題①和②是挑戰可廢止規則的問題，因而可以看作是攻擊可廢止規則的中斷攻擊者；問題③是一個挑戰結論的問題，因而可以看作是攻擊結論的反駁攻擊者。

語用論辯術理論也給出了針對三種論證圖式的批判性問題。首先，

[①] PRAKKEN H. On the nature of argument schemes [M] // REED C, TINDALE C. Dialectics, dialogue and argumentation, an examination of Douglas Walton's theories of reasoning and argument. London: College Publications, 2010: 167-185.

[②] WALTON D N. Fundamentals of critical argumentation [M]. Cambridge: Cambridge University Press, 2006.

[③] WALTON D N. Fundamentals of critical argumentation [M]. Cambridge: Cambridge University Press, 2006: 103.

徵兆論證圖式的批判性問題有：是否還存在其他不是 Y 的情況同樣有特徵 Z，是否存在其他 Y 的情況沒有特徵 Z？其次，類比論證圖式的批判性問題有：Z 與 X 之間是否存在顯著差異？最後，因果論證圖式的批判性問題有：Z 是否總是導致 Y？[①] 不難看出，語用論辯術理論的批判性問題主要關注推論規則是否存在例外，因而它在本質上是一種攻擊可廢止規則的中斷攻擊類型。

五、論證評估理論的構建

形式論辯理論的評估理論是研究如何從精確化的定性或定量的視角來評價論證的，其評價的手段是對論證的可接受性或可信度賦予一個信念狀態或信念度，Dung 的抽象論辯語義是目前應用最廣泛的方法，其評估思路是通過定義若干具有一定屬性的論證集合或擴充，從而反應其所包含的論證的可接受性。該語義首先定義了論證的可接受性：論證 A 是關於 S 可接受的當且僅當所有攻擊 A 的論證都被 S 中的某個論證攻擊。其次，定義了具備一定性質的論證的若干擴充：

（1）S 是可允許集當且僅當 S 中的所有論證都是關於 S 可接受的。

（2）S 是偏好擴充當且僅當 S 是極大可允許論證集。

（3）S 是穩定擴充當且僅當所有不屬於 S 的論證都被 S 中的某個論證攻擊。

（4）S 是完全擴充當且僅當 S 是可允許論證集並且所有關於 S 可接受的論證都屬於 S。

[①] VAN EEMEREN F H, GROOTENDORST R, HENKEMANS F S. Argumentation, analysis, evaluation, presentation [M]. New Jersey: Lawrence Erlbaum Associates, 2002.

（5）S 是可靠擴充當且僅當 S 是極小完全擴充。[1]

可靠擴充中的論證元素被賦予了最高的可接受性，即被證成的證成狀態。

非形式邏輯從程序和過程的角度關注論證的評估，其中，語用論辯術理論和新論辯術理論的評估理論都要求回應針對論證圖式的批判性問題，而約翰遜的論證評估理論也要求處理標準反對意見以及應對可替立場。形式論辯理論可以表達非形式邏輯的評估方式，假設提出方甲給定一個基於論證圖式的論證 A，反對方乙給出關於論證 A 的批判性問題或者提出反對意見並且其本身構成論證 B，甲為了辯護論證 A，進一步提出論證 C 以回應批判性問題或反對意見。在抽象論辯語義下，存在 B 攻擊 A 和 C 攻擊 B 的攻擊關係，根據語義的定義可得 $\{A\}$ 和 $\{C\}$ 都是可靠擴充，因而論證 A 和 C 都是被證成的。也就是說，初始論證只有在回應批判性問題或者處理好反對意見的情況下才會被接受。

六、動態性和程序性的建模

非形式邏輯的發展呈現出「論辯化」的動態演化進程，論證不再僅被認為是作為結果的，而是一個包括論證結果的過程，這個過程至少包含了兩個博弈方，他們的目的都是為了辯護各自的主張，論證的過程是通過博弈雙方提出主張並且挑戰主張的方式推進的。作為過程的論證體現了論證的動態性和程序性，語用論辯術和新論辯術都研究了論證的程序理論，設置了論證展開的若干階段並且發展了一系列調控博弈方言

---

[1] DUNG P M. On the acceptability of arguments and its fundmental role in nonmonotonic reasoning, logic programming and n-person games [J]. Artificial Intelligence, 1995, 77 (2): 321-357.

语行为的程序性规则。相较而言，现代逻辑学也早在20世纪50年代就产生了动态逻辑的萌芽，埃朗根学派创始人、德国数学家洛伦岑在1958年撰写的《逻辑与博弈》一文中就提出了对话博弈的理论，该文在1960年才正式发表，直到其在1978年与其学生洛伦茨合作的《对话逻辑》一书中再版时才为人所知①。由此可知，现代逻辑中的动态思想应当与图尔敏的论证理论产生于同一个时期，甚至要早于后者，因为洛伦岑在1955年出版的著作《结构逻辑与数学引论》中就已经提出了对话博弈的初步思想②。

　　形式论辩术和对话逻辑的发展注重对论证的动态性和程序性的表达。1970年，汉布林在《谬误》一书中开创了形式论辩术，他对标准谬误理论进行了批判并指出了形式逻辑处理谬误的不足，创造性地引入了一种建模对话的方法并用以分析和评估谬误。汉布林的贡献引领了论辩术的全面复兴，随后涌现了一批追随形式论辩术进路的逻辑学家，产生了大批的学术成果。较有代表性的研究包括：巴思与克罗贝的《从公理到对话》、麦肯齐的DC对话系统、沃尔顿与克罗贝的《对话中的承诺》以及普拉肯的论证博弈模型。目前，形式论辩理论（可计算论辩理论）作为一种建模主体间互动的理论被广泛应用于人工智能研究的多个领域，包括智能主体及多主体系统研究、可计算语义理论以及情景化对话的建模等。此外，形式论辩理论还被专门应用于建模非形式论辩理

---

① KRABBE E CW. Dialogue logic [J]. Handbook of the History of Logic, 2006 (7): 665-704.

② KRABBE E CW. Dialogue logic [J]. Handbook of the History of Logic, 2006 (7): 671-672.

論中的對話類型，例如，普拉肯綜述了多種刻畫說服型對話的形式化模型①。

第二節　新論辯術和語用論辯術的形式化

沃爾頓的新論辯術包含了六種不同的對話類型，其中，說服型對話被認為是最重要的一種類型，這種類型的對話又與語用論辯術理論的核心——批判性討論是同構的，因而兩種非形式邏輯理論的核心組成就是說服型對話或批判性討論，這意味著對於新論辯術和語用論辯術的形式化研究應當是圍繞說服型對話或批判性討論來展開建模的。在可計算論辯理論的發展歷程中，關於對話理論的研究有著悠久的歷史，其中，說服型對話的形式化研究最早可以追溯到中世紀，最早較為系統地研究了說服型對話的是漢布林（1970和1971）的工作，他的工作為後面的對話理論的深入研究奠定了基礎。目前，最具有代表性的理論有普拉肯的說服型對話理論（2005）、麥肯齊的對話理論（1979）、沃爾頓和克羅貝的對話理論（1995）、圖盧茲和利物浦學派的對話理論。其中，普拉肯的研究成果是最新的，也是表達能力最優的形式化模型。下面將簡要介紹其說服型對話的形式化理論的基本內容。

說服型對話系統包含了正反兩方（記為博弈方 P），分別用 α 和 β 來表示。該類系統的基本要素主要包括：L_t 是經典否定封閉的主語言（Topic Language）；L_c 是表達博弈方行動（Moves）的交流語言（Com-

---

① PRAKKEN H. Formal systems for persuasion dialogue [J]. Knowledge Engineering Review, 2006, 2 (21): 163-188.

munication Language）。博弈方行動是一個包含博弈方和會話行為（Speech Acts）的二元組，會話行為表達的是雙方在對話中被認定有效的行為。①

定義 5.1.1：交流語言 L_c 是一個會話行為集，每個會話行為都通過一個行動 $m=（P,act）$ 來表達，行動 m 表示該行動是由參與方 P 完成會話行為 act。會話行為主要包括：①主張（Claim）φ；②質疑（Why）φ；③φ 因為（Since）S；④承認（Conceding）φ；⑤撤回（Retracting）φ。

在說服型對話系統中，以上會話行為又可以分為兩類：一類是攻擊型會話行為：主張 φ 表示博弈方認為 φ 成立；質疑 φ 表示博弈方挑戰 φ 成立並且詢問 φ 成立的原因；φ 因為 S 表示博弈方給出了 φ 成立的理由 S。另一類是讓步型會話行為：承認 φ 表示博弈方認可 φ 成立；撤回 φ 表示博弈方宣告不再承諾 φ。②

在定義會話行為以及行動概念之後，就可以定義對話概念了。

定義 5.1.2：對話 D 是一個交流語言 L_c 下的有限行動序列 $<m_1,\cdots,m_n>$，可以寫作 M，其中 m_i 指的是第 i 個行動。

在對話中，協議（Protocol）指定對話的每個階段所被允許的行動，協議又可以分為兩個部分：一部分是程序規則，普拉肯認為存在三種程序規則：效力規則（Effect Rule）指定博弈方每次發言的效力，這些發言都是博弈方所承諾的命題；終止規則（Termination）表示沒有進一步的行動是有效的（Legal）；結果規則（Outcome Rule）定義了對話的結

---

① PRAKKEN H. Formal systems for persuasion dialogue ［J］. Knowledge Engineering Review, 2006, 2（21）：21.
② PRAKKEN H. Formal systems for persuasion dialogue ［J］. Knowledge Engineering Review, 2006, 2（21）：168-169.

果，判定獲勝方和失敗方。① 另一部分是規範有效行動的協議規則，這些規則是建模對話的核心內容。下面列舉幾條最基本的協議規則。

定義 5.1.3（效力規則）：效力規則集 E 指的是，對於任意的話語 $\in L_c$，它影響了參與方的承諾。這些規則可以定義如函數：

$C_a : M^{<\infty} \to pow(L_t)$

承諾的變化可以由對話的最後一個行動來判定：

如果 $d = d'$，那麼 $C_a(d, m) = C_a(d', m)$。

定義 5.1.4（結果規則）：結果規則定義了每個對話 d、背景 K 以及主題 t。結果規則可以由 和 兩個函數來表達：

　：$D \times pow(L_t) \times L_t \to pow(\ )$

　：$D \times pow(L_t) \times L_t \to pow(\ )$。②

定義 5.1.5：協議 Pr 指的是對話中的有效行動，它指定了對話中每個階段的有效行動。在 L_c 當中的協議是一個函數 ：$pow(L_t) \times D \to pow(L_c)$。

協議的規則是規範行動有效所必須滿足的規則，主要有：

R_1：每個參與者一次輪流做出一個會話行為；

R_2：同一個命題不能同時在提出方和反對方的一個對話層次中出現；

R_3：如果會話行為 A 回應會話行為 B，那麼兩者不能相同；

R_4：一個行動一旦被承認或撤回，那麼就不能再被質疑。

這些會話行為間還存在特定的回應關係，主要包括：①如果博弈方主張 φ，那麼另一方可以回應質疑 φ 或承認 φ；②如果博弈方質疑 φ，那麼另一方可以回應 φ 因為 S 或質疑 $\neg\varphi$ 或撤回 φ；③如果博弈方給出 φ

---

① PRAKKEN H. Formal systems for persuasion dialogue [J]. Knowledge Engineering Review, 2006, 2 (21): 166.

② 這裡的 指參與方構成的集合。

因為 S，那麼另一方可以回應質疑 S 或承認 φ。[1]

下面給出包含以上會話行為及回應關係的交流語言，如表 5-1 所示。

表 5-1　交流語言

行為（Acts）	攻擊（Attacks）	讓步（Surrenders）
主張 φ	質疑 φ	承認 φ
質疑 φ	φ 因為 S（Con（S）= φ）	撤回 φ
φ 因為 S	質疑 φ	承認 φ
承認 φ		
撤回 φ		

如果博弈方的行為主張或承認了某個命題，那麼該命題被認為是該博弈方的一個承諾（Commitment）。承諾表達的是博弈方接受或讚成的命題，但是又區別於相信命題為真的信念，它僅表示在對話中公開表明接受的命題，當新信息加入使得承諾不被接受時，博弈方也可以收回承諾。在對話的進行過程中，承諾庫會隨著起應雙方會話行為的輪換而不斷更新，不同的會話行為對承諾庫的影響各有不同。下面將給出表達承諾集變化的承諾規則的定義。

定義 5.1.6：假設博弈方 P 的初始承諾庫為 CS_i，那麼有：

（1）如果會話行為是主張 φ 或承認 φ，那麼 $CS_{i+1} = CS_i \cup \{\varphi\}$。

（2）如果會話行為是承認 φ，那麼 $CS_{i+1} = CS_i \cup \{\varphi\}$。

---

[1] PRAKKEN H. Formal systems for persuasion dialogue [J]. Knowledge Engineering Review, 2006, 2 (21): 171.

(3) 如果會話行為是撤回 φ，那麼 $CS_{i+1} = CS_i - \{\varphi\}$。

(4) 如果會話行為是 φ 因為 S，那麼 $CS_{i+1} = CS_i \cup S$。

(5) 其他的會話行為都不會使得承諾庫擴大或縮小。[1]

在說服型對話中，兩個或者多個參與方的目的是為了解決意見分歧，每一方都試圖說服另一方接受他的觀點。這類形式理論的特點在於，它包含諸多調控博弈方之間行動的協議，在這些協議之下雙方所做的承諾和有效的行動得以明確，行動的規則和交流語言使得可以判定哪一方最終獲得了對話的勝利。值得一提的是，說服型對話存在於社會生活的各個領域，其形式化理論已經在計算機、人工智能與法、多主體系統、智能導航以及論辯的計算機支持等實踐領域發揮了作用。

第三節　約翰遜的論證理論的形式化

一、推論性核心框架 *IC*

本節首先給出表達推論性核心概念的推論性核心框架 *IC*。

定義 5.2.1：推論性核心單元是一個序 $\Phi_i, \alpha_i, p_i, \quad , \quad$，其中 Φ_i, α_i, p_i 也是一個序並且有 Φ_i 是一個前提集，α_i 是一個結論，p_i 是 Φ_i 支持 α_i 的層次。$\quad = \{\quad_1, \cdots, \quad_n\}$ 是一組賦值，$\quad : \Phi \rightarrow \quad$ 是一個賦值函數，並且有 $(\Psi) \in \quad$，其中對於 $\varphi_i \in \Phi$，有 $\Psi = \wedge \varphi_i$。

推論性核心 $\Phi_i, \alpha_i, p_i, \quad , \quad$ 的含義指的是 Φ_i 支持 α_i 有一個確

---

[1] PRAKKEN H. Formal systems for persuasion dialogue [J]. Knowledge Engineering Review, 2006, 2 (21): 169.

定的層次 p_i，並且 Φ_i 的可接受性用賦值 來表示。簡便起見，我們使用確定的實數區間 [0，1] 來表示賦值的範圍。

定義5.2.2：推論性核心（IC）是一個推論性核心單元的序列，它的邏輯表達式是：IC＝[Φ_1，α_1，p_1， ， ，⋯， Φ_n，α_n，p_n， ，]。

定義5.2.3：一個推論性核心系統是一個對 IC，Defeat ，其中 IC 是一個有限的推論性核心集合併且有 Defeat ⊆ IC ×IC，這裡的 x，y ∈ Defeat 指的是「x 擊敗 y」。如果 ∃y∈Y⊆IC，使得有 y，x ∈ Defeat，那麼有 Y 擊敗 x。

定義5.2.4：x 是關於 y 可辯護的當且僅當 ∀y∈ IC 並且 z，x ∈ Defeat，那麼有 y，z ∈ Defeat。x 是關於 Y⊆IC 可辯護的當且僅當 ∀z ∈ IC 並且 z，x ∈ Defeat，那麼 ∃y∈Y，使得 y，z ∈ Defeat。

定義5.2.5：S⊆IC 是免於衝突的當且僅當 ∃x，y∈S，使得 x，y ∈ Defeat。

定義5.2.6：免於衝突的集合 S⊆IC 是可允許的當且僅當對任意 x ∈S，有 x 是關於 S 可辯護的。

定義5.2.7：免於衝突的集合 S⊆IC 是完全的，如果 S 是一個可允許集並且由 S 所辯護的每個推論性核心都屬於 S。

約翰遜認為論辯性材料是由反對意見、可替立場和批判等構成的，實質上，論辯性材料是對某個推論性核心的擊敗的命題或論證，這些命題或論證在本質上也是推論性核心。

定義5.2.8：推論性核心 M 是關於推論性核心 x⊆IC 的一個論辯性材料 當且僅當 M＝{y│∀y ∈ IC，(y,x) ∈ Defeat }。

以上就定義了約翰遜的語用論證理論的基本概念，下面將討論幾個

值得關注的問題。不存在獨立的奇循環或偶循環，因為約翰遜將論證看作是展示的理性。

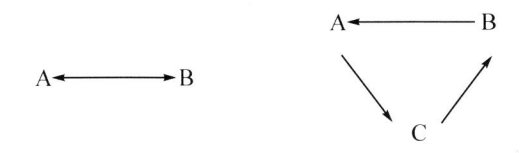

$$A \longleftrightarrow B \qquad A \longleftrightarrow B \atop \searrow \quad \nearrow \atop C$$

圖 5-1　奇偶論證結構

二、論辯性外層框架 *DT*

給定一個推論性核心系統 *IC*, *Defeat*，下面將定義行動、爭議和協議概念。

定義 5.3.1：行動集 *M* 是由所有的對（*p*, *A*）組成的並且有 $p \in \{P, O\}$ 和 $A \in IC$；對於任意在 *M* 當中的行動，我們用 *pl*（*m*）來標記 *p*，用 *s*（*m*）來標記 *A*。

定義 5.3.2：爭議集 $M^{\leq \infty}$ 是關於 *M* 的序列的集合，並且有限爭議集是關於 $M^{<\infty}$ 的所有序列的集合。

定義 5.3.3：協議是一個函數，它規定了在爭議的每個階段的有效行動。協議是 *Pr*：$D \rightarrow pow$（*M*），使得有 $D \subseteq M^{\leq \infty}$。*D* 的要素被稱作有效有限爭議，*Pr*（*d*）被稱作 *d* 之後被允許的行動。如果 *d* 是一個有效爭議並且 *Pr*（*d*）= ∅，那麼 *d* 被稱為終止爭議。*Pr* 必須對所有的爭議 *d* 和行動 *m* 滿足以下條件：

（1）$d \in D$ 並且 $m \in Pr$（*d*）當且僅當 *d*, $m \in D$。

（2）如果 $m \in Pr$（*d*），那麼 *pl*（*m*）= *P*，當 *d* 是偶數長度時，有 *pl*（*m*）= *O*。

（3）獲勝函數是一個偏函數 $W: D \to (P, Q)$。

定義5.3.4：一個爭議滿足以上協議當且僅當它滿足以下條件：

（1）行動是有效的當且僅當根據推論性核心的定義，滿足以下條件：

①正方不允許重複它的行動。

②正方的行動（除了第一個）擊敗反方的最後一個行動。

③反方的行動擊敗正方的最後一個行動。

（2）博弈方贏得一個爭議當且僅當另一方沒有有效行動。

定義5.3.5：博弈方 p 的策略是一個只在 p 的行動之後分叉的爭議樹，它包含了 p 的所有的有效回應。博弈方 p 的策略是獲勝的當且僅當 p 贏得對策中的所有爭議。

約翰遜認為論證是由推論性核心和論辯性外層兩個部分組成的，論證= $IC+DT$。在以上定義的基礎上，就可以開始定義論證概念。首先，論辯性外層應當被視作與論辯性材料相矛盾的所有推論性核心的集合，因為論辯性外層需要回應所有的質疑、可替立場和批評。論證必須屬於一個完全擴充，它是由博弈方 P（正方）和博弈方 O（反方）的推論性核心共同構成的。

定義5.3.6：$S \subseteq IC$ 是一個論證當且僅當 S 屬於一個完全擴充並且它是由博弈方 P 的獲勝策略中的所有行動構成的，它可以形式化為：

$S= \{A \mid A$ 是博弈方 P 的獲勝策略中的 M 中的要素$\}$。

定義5.3.7：如果 $M \in S$，$\exists x \in IC$，使得 $(M, x) \in Defeat$，那麼 M 是論證 S 的主推論性核心。如果 $R=S \setminus M$，其中 M 是一個主推論性核心，那麼 R 是論證 S 中的可辯護推論性核心的集合。

為了展示以上定義，我們通過一個例子來表示以上概念。

例1：給定 $A, B, C, D, E, F, G, H \in IC$ 並且用箭頭來表示

Defeat，如圖 5-2 所示。

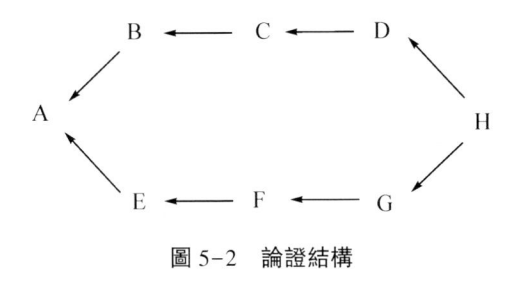

圖 5-2　論證結構

博弈方 P 的獲勝策略如下：

策略 1：P_1：A，O_1：B，P_2：C，O_2：D，P_3：H

策略 2：P_1：A，O_1：E，P_2：F，O_2：G，P_3：H

$\{A, C, F, H\}$ 構成一個論證，其中主推論性核心是 A，可辯護性推論性核心是 $\{C, F, H\}$。

第四節　訴諸專家的論辯模型

一、訴諸專家的論辯框架

考慮動態過程及主體互動等因素，論證可以分為獨白式（Monological）和對話式（Dialogical）論證，後者是現代論證理論研究的焦點。對話式論證所扮演的角色不僅是證明，更重要的是說服功能，一個完整的對話或論辯過程應該由論證構造者和第三方構成。有關第三方的研究在非形式邏輯和修辭學中討論頗多，例如，佩雷爾曼的新修辭學。佩雷爾曼認為第三方的角色應該由聽眾來扮演，聽眾被看作是評價論證的重要因素之一，他將聽眾分為普遍聽眾和一般聽眾。卡朋等給出了一個包

含聽眾的論辯框架 VAF①，他將聽眾看作是價值間的二元關係，通過比較價值的偏好關係來判定衝突論證間的擊敗關係，在此基礎上進而定義關於聽眾的論證以及對應的擴充理論，但這樣的處理方式存在兩個問題。

首先，將價值作為聽眾比較的唯一標準是不恰當的，因為比較論證不僅訴諸價值，而且還依賴於其他因素。佩雷爾曼在書中談道：「如果人們反對所持有的相關結論，不是因為他們犯了邏輯或計算的錯誤，而是對適用規則（Rules）、被考量的目的（Ends）、給定價值（Values）、解釋（Interpretation）以及事實（Facts）的特徵持有異議。」② 由此，評價論證的依據不僅是價值，還包括使用規則、目的、解釋等因素。而且，卡朋借用佩雷爾曼對聽眾的相關理論，但沒有對一般聽眾和特殊聽眾做出很好的區分，而這個區分在佩氏理論中顯得尤為重要。其次，卡朋的 VAF 框架沒有考慮論證的內部結構，僅是將論證看作是一個二元組，沒有討論論證的概念及其構成。

本書認為第三方所包含的諸多因素非常複雜，無法就某一因素（例如價值）進行偏好比較，故企圖全面綜合第三方的性質來進行比較是不恰當的。但是，如果考慮突出第三方的某一特性，將第三方的外延縮小，則易於把問題厘清。基於佩雷爾曼的聽眾理論，本書僅關注部分特殊的聽眾——專家。專家是一類特殊的聽眾。專家除了具有聽眾的一般特點外，在論證交互的過程中還起著引導、示範，甚至主導的作用。根

---

① BENCHCAPON T JM, DOUTRE S, DUNNE P. Audiences in argumentation frameworks [J]. Artificial Intelligence, 2007, 171 (1): 42-71.

② PERELMAN C. The new rhetoric: A treatise on argumentation [M]. Notre Dame/London: University of Notre Dame Press, 1969.

據維基百科的解釋：專家被廣泛認為是技術或技能的可靠來源，他們被同行或者是所在領域的公眾賦予權威和身分，完全有能力做出正確、公正、理智的判決或決定。簡單地說，專家是在某一特定領域具有專長的主體（不一定指人，也可以是專家系統等），專家做出的決定具有權威和示範作用。例如，在司法領域中，專家可以是法官、陪審（團）員或是專家證人，他們的判斷都可以對庭審中的論證交互產生重要影響。

下面本書將嘗試刻畫加入專家的論辯系統，將吸收以上論辯系統的特點，擬借鑑 ASPIC+ 的語言、巴斯納德（P. Besnard）與亨特（A. Hunter）對知識的分類以及波洛克定義擊敗者的思想等，發展一個包含證成度（justification degree）的可廢止論辯系統。論辯系統中的關於知識信息的分類採用巴斯納德與亨特的看法，他們將論證中的知識信息分為四類：確定信息，包括公理以及普遍認同的知識；客觀信息，屬於非確定信息，有比較可靠的信息來源或者可以由論證中的主體加以識別和確認；主觀信息，屬於非確定信息，來源於論證中主體的信念或觀點；假設信息，屬於非確定信息，是為了構造論證的需要所假設的信息。[①] 確定信息是論證中必然為真的信息而其他信息都不一定為真，而且在直觀上，這四類信息的優先性是嚴格逐漸遞減的。

以下我們依次給出可廢止論辯系統中的幾個重要定義：

定義 5.4.1（論辯系統）：論辯系統 AS 是一個五元組 L_d, f, R, Ex, P_i，其中 L_d 表示在一階標準語言 L_0 的基礎上加入可廢止規則的擴充語言；$R = R_s \cup R_d$ 是一個由嚴格規則集 R_s 與可廢止規則集 R_d 所構成的

---

① BESNARD P, HUNTER A. Elements of argumentation [M]. Cambridge, Mass: MIT Press, 2008.

集合，並且使得 $R_s \cup R_d$ ∅；f 表示否定函數 $f: L_d \to 2^{Ld}$，使得如果 $\varphi \in f(\ )$，那麼 $f(\varphi)$，則稱 φ 是 的相反命題，否則就稱 φ 與 為矛盾命題。[1] Ex 是所有可能的理性專家集，這裡將專家看作賦值函數。專家根據其特有的專業背景（包括知識、技術及技能等），對單個論證或多個論證構成的複雜論證給定一個對應的證成度，證成度越高，表示專家對論證的認可度越高，論證的可接受性就越強。專家可以表達為 $Ex: 2^{Args} \to P_j$，$Args$ 是論證集合，P_j 表示證成度，$P_j \in [0, 1]$，其中在僅包含嚴格推論的論證中，理性專家可以將 P_j 賦 1 值。[2]

定義 5.4.2（知識庫）：論辯系統 AS 所依賴的知識庫是一個二元序組 $K, <$，其中 $K \subseteq L_d$ 且 $K = K_c \cup K_o \cup K_s \cup K_h$，$K_c$ 表示確定的知識，K_o 表示客觀的知識，K_s 表示主觀的知識，而 K_h 表示假設的知識；$<$ 表示 K 中不同知識集合間的偏序關係，如果 $K_1 < K_2$，那麼 K_2 較 K_1 要優先。

定義 5.4.3（論證）：論證 Arg 是在三元組 L_d, f, R [3]中由知識庫 $K, <$ 得到的一個有限序列 $Arg_1, \cdots, Arg_n$，其中元論證 Arg_i 可以定義如下：

(1) Φ^i, α^i，其中，$\Phi^i \subseteq K$，$\Phi^i \mid\sim \alpha^i$。[4]

以上公式可以讀作：論證 Arg_i 是以知識庫 K 中 Φ^i 為前提集通過嚴格規則或可廢止規則得到結論 α^i。

所以，$Arg = [\Phi^i, \alpha^i, \cdots, \Phi^n, \alpha^n]$。

---

[1] 如果 φ 是正符號公式，那麼有 $\varphi \in f(\varphi)$ 並且如果 φ 是形如 的公式，那麼有 $\in f(\ \varphi)$。

[2] 證成度不同於真值，專家對論證的認可會有強弱之分，證成度是對這種認可的量化。由於專家的認可具有權威和示範作用，故證成度越高，論證的可接受性越強。另外，這裡 $j \in \{c, o, s, h\}$。

[3] 該三元組可以看作是未加入專家的論辯系統。

[4] $\Phi^i \ \alpha^i$ 是包含嚴格推論規則的推演，而 $\Phi^i \mid\sim \alpha^i$ 是包含可廢止推論規則的推演。

定義 5.4.4（專家論證）：專家論證 Arg_{Ex} 是在論辯系統 AS 中由知識庫 $K, <$ 得到的一個有限序列 $Arg_{Ex1}, \cdots, Arg_{Exn}$，其中元論證 Arg_{Exi} 可以定義如下：

(1) $\Phi_c^i, \alpha_c^i, Ex, P_c^i$，其中，$\Phi_c^i \subseteq K_c$，$\Phi_c^i \mid \sim \alpha_c^i$，$P_c^i \in [0,1]$。

以上公式可以讀作：論證 Arg_{Exi} 是以知識庫 K_c 中 Φ_c^i 為前提集得到結論 α_c^i，並且專家 Ex 給定的證成度為 P_c。這類論證是以確定信息為前提集的，如果推論規則是嚴格的，那麼 P_c 的值可以取 1。

(2) $\Phi_o^i, \alpha_o^i, Ex, P_o^i$，其中，$\Phi_o^i \subseteq K_o$，$\Phi_o^i \mid \sim \alpha_o^i$，$P_o^i \in [0,1)$。

以上公式可以讀作：論證 Arg_{Exi} 是以知識庫 K_o 中 Φ_o^i 為前提集得到結論 α_o^i，並且聽眾 Ex 給定證成度為 P_o。這類論證是以非確定信息為前提集的，無論規則是嚴格或可廢止的，理性專家都不能將 P_o 賦 1 值。

(3) $\Phi_s^i, \alpha_s^i, Ex, P_s^i$，其中，$\Phi_s^i \subseteq K_s$，$\Phi_s^i \mid \sim \alpha_s^i$，$P_s^i \in [0,1)$。

以上公式讀法同 (2)。

(4) $\Phi_h^i, \alpha_h^i, Ex, P_h^i$，其中，$\Phi_h^i \subseteq K_h$，$\Phi_h^i \mid \sim \alpha_h^i$，$P_h^i \in [0,1)$。

以上公式讀法同 (2)。

所以，論證序列 Arg_{Ex} 可以定義為：

$Arg_{Ex} = [\ \Phi_j^1,\ \alpha_j^1,\ Ex,\ P_j^1,\ \cdots,\ \Phi_j^n,\ \alpha_j^n,\ Ex,\ P_j^n\ ]$。

定義 5.4.5（攻擊關係）：

(1) 中斷攻擊：論證 $A = \Phi_j^i, \alpha_j^i, Ex, P_j^1$ 中斷攻擊論證 $B = \Psi_j^i, \beta_j^i, Ex, P_j^2$ 當且僅當 B 中存在 $R_d' \in R_d$，使得 $\alpha_j^i \in \ulcorner \neg R_d \urcorner$。[1]

(2) 反駁攻擊：論證 $A = \Phi_j^i, \alpha_j^i, Ex, P_j^1$ 反駁攻擊論證 $B = \Psi_j^i, \beta_j^i, Ex, P_j^2$ 當且僅當存在 $\alpha_j^i \in f(\beta_j^i)$。

---

[1] 這裡要注意區分元語言與對象語言，為表達方便，「$\neg R_d$」是指與 R_d' 相矛盾的命題。

（3）破壞攻擊：論證 $A = \langle \Phi_j^i, \alpha_j^i, Ex, P_j^1 \rangle$ 破壞攻擊論證 $B = \langle \Psi_j^i, \beta_j^i, Ex, P_j^2 \rangle$ 當且僅當存在 $\beta_j^i \in \Psi_j^i \setminus K_n$，使得 $\alpha_j^i \in f(\beta_j^i)$。

（4）專家攻擊：論證 $A = \langle \Phi_j^i, \alpha_j^i, Ex, P_j^1 \rangle$ 專家攻擊論證 $B = \langle \Psi_j^i, \beta_j^i, Ex, P_j^2 \rangle$ 當且僅當論證 A 中斷、反駁或破壞攻擊論證 B，並且聽眾 Ex_1 與 Ex_2 是互不可信的。

定義 5.4.6（擊敗關係）：

（1）反駁擊敗：如果 $A = \langle \Phi_j^i, \alpha_j^i, Ex, P_j^1 \rangle$ 反駁攻擊 $B = \langle \Psi_j^i, \beta_j^i, Ex, P_j^2 \rangle$ 並且 $P_j^1 \geq P_j^2$，那麼論證 A 反駁擊敗論證 B。

（2）破壞擊敗：如果 $A = \langle \Phi_j^i, \alpha_j^i, Ex, P_j^1 \rangle$ 破壞攻擊 $B = \langle \Psi_j^i, \beta_j^i, Ex, P_j^2 \rangle$ 並且 $P_j^1 \geq P_j^2$，那麼論證 A 破壞擊敗論證 B。

（3）專家擊敗：如果 $A = \langle \Phi_j^i, \alpha_j^i, Ex, P_j^1 \rangle$ 專家攻擊 $B = \langle \Psi_j^i, \beta_j^i, Ex, P_j^2 \rangle$ 並且 Ex_1 是自我攻擊的或不可信的，那麼論證 A 專家擊敗 B。

定義 5.4.7（專家否決）：下面將定義一類針對擊敗關係的專家否決，專家可以否決論證間存在的擊敗關係。論證 A 與 B 之間的攻擊關係是關於專家 Ex 被否決的，即有 $Delete(A, B)$ 當且僅當如果 $A = \langle \Phi_j^i, \alpha_j^i, Ex, P_j^1 \rangle$ 反駁擊敗、破壞擊敗或專家擊敗 $B = \langle \Psi_j^i, \beta_j^i, Ex, P_j^2 \rangle$，那麼有 $Delete(A, B) \geq defeat$。[1]

二、訴諸專家的論辯（擴充）語義

Dung 的抽象論辯框架是建立在對稱的攻擊關係之上的，他的框架可以討論包含偶循環論證的框架，即包含兩個互相攻擊的論證。加入專

---

[1] 在某些情況下，攻擊論證並不是通過攻擊論證的前提、結論以及攻擊關係來實現的，而是直接否定論證的攻擊關係，例如法庭中陪審員的判斷及法官的某些判決都是不需要做出具體解釋的。實際上，可以將其看作是攻擊擊敗關係的擊敗。

家後的論證框架可以判斷衝突論證間的擊敗關係，所討論的攻擊關係是單向、非對稱的。下面給出非對稱攻擊關係的定義並在此基礎上定義一些相應的擴充。

定義 5.5.1（擊敗關係）：專家論證框架是一個二元序對（Args, defeat），Args 是一個有限論證集合，且二元關係 defeat⊆Args×Args。給定論證集 X，Y⊆Args，X 擊敗 Y 當且僅當 $\exists x \in$ X 且 $y \in$ Y，使得（x, y）∈ defeat。

定義 5.5.2（可接受性）：論證 A 對於專家是關於 S 可接受的 ACC（A，S）當且僅當：

（1）$\exists B \in$ Args 且有（B，A）∈ defeat，使得（B，A）是被專家否決的。

（2）如果 $\forall D \in$ Args/B 且有（D，A）∈ defeat，那麼 $\exists C \in$ S，使得（C，D）∈ defeat。

定義 5.5.3（論證的擴充）：

（1）論證集 S 是對於專家可允許的當且僅當 S 中的所有論證都關於 S 可接受，即 $\forall x$（$x \in$ S→ ACC（x, S））。

（2）論證集 S 是對於專家的穩定擴充當且僅當所有不屬於 S 的論證都被 S 中的某個論證擊敗，即 $\forall x$（$x \in$ Args/S→ ACC（x, S））。

（3）論證集 S 是對於專家的完全擴充當且僅當 S 是對於專家的可允許論證集且所有對於專家關於 S 可接受的論證都屬於 S，即 $\forall x$（$x \in$ S→ ACC（x, S））。

（4）論證集 S 是對於專家的偏好擴充當且僅當 S 是極大對於專家的可允許論證集。

（5）論證集 S 是對於專家的扎根擴充當且僅當 S 是極小（關於⊆）

完全擴充。

（6）論證集 S 是對於專家的半穩定擴充當且僅當 S 是對於專家的完全擴充且 S∪S+ 是極大集。①

（7）論證集 S 是對於專家的理想集當且僅當 S 是對於專家的可允許集且被包含於所有的對於專家的偏好擴充。論證集 S 是對於專家的理想擴充當且僅當 S 是極大對於專家的理想集。

一般的論證擴充的語義是包含論證和對稱攻擊關係的，包含偶循環論證框架。加入專家的論證的擴充語義是包含論證及非對稱擊敗關係的，不包含偶循環論證框架，其元框架可以分為包含一個擊敗關係的框架、包含多個擊敗關係的框架以及奇循環框架，複雜的論證框架都是由這些元框架構成的。

（1）包含一個擊敗關係的框架。

在圖 5-3 的左圖中，在一般論證語義下，是可允許的，它同時是完全、偏好以及扎根擴充。圖 5-3 的右圖中，在加入專家後的論證語義下，{α} 與 {β} 都是對於聽眾可允許的，對於聽眾是完全、偏好以及扎根擴充。

α ⟶ β　　　α ┈┈┈▶ β

圖 5-3　框架 1

（2）包含奇循環擊敗關係的框架

在圖 5-4 的左圖中，只存在為空的可允許集合和擴充。圖 5-4 的右圖中，{α}、{β} 以及 {α, β} 是對於專家可允許的，{α} 與

---

① 這裡 S+ 表示至少被 S 中的一個論證所攻擊的論證集，S- 表示至少攻擊 S 中某個論證的論證集。CAMINADA M. Semi - stable semantics: computational models of argument [C]. Amsterdam: IOS Press, 2006.

$\{\beta\}$ 是對於專家的扎根擴充，$\{\alpha, \beta\}$ 是對於專家的偏好擴充。

圖 5-4　框架 2

（3）包含多個擊敗關係的框架

在圖 5-5 的左圖中，$\{\alpha\}$、$\{\gamma\}$ 以及 $\{\alpha, \gamma\}$ 是可允許集合，$\{\alpha\}$ 與 $\{\gamma\}$ 是扎根擴充，$\{\alpha, \gamma\}$ 是偏好擴充。圖 5-5 的右圖中，$\{\alpha\}$、$\{\beta\}$ 以及 $\{\alpha, \beta\}$ 是對於專家可允許的，$\{\alpha\}$ 與 $\{\beta\}$ 是對於專家的扎根擴充，$\{\alpha, \beta\}$ 是對於專家的偏好擴充。需要注意的是，在加入專家前後，$\{\gamma\}$ 的可允許性質從有到無，而 $\{\beta\}$ 在加入專家的語義中有了新的可允許性質。

圖 5-5　框架 3

三、訴諸專家的論辯（標記）語義

本節將給出一種與擴充語義等價的標記語義方法，該方法最早由波洛克用於定義論證的狀態，這種方法的思路是通過對論證網絡中的每個論證進行賦值，來討論論證的不同性質及狀態。下面將採用三個初始賦值的方法，首先給出該方法中最基本的定義[1]：

---

[1] CAMINADA M, GABBAY D. A logical account of formal argumentation [J]. Studia Logica, 2009, 93 (2-3): 109-145.

定義 5.6.1：論證框架是一個二元序對（Args, defeat），標記是一個全函數：

$l: Args \rightarrow \{+, -, \pm\}$。$l$ 是完全標記當且僅當任意論證 A 都滿足：

（1）如果論證 A 不被任意論證所攻擊，那麼 $l(A) = +$。

（2）如果 $\exists B \in Args$，使得 $(B, A) \in defeat$ 且 $l(B) = +$，那麼 $l(A) = -$。

（3）如果 $\forall B \in Args$，使得 $(B, A) \in defeat$ 且 $l(B) = -$，那麼 $l(A) = +$。

（4）如果 A 不滿足以上三種情況，那麼 $l(A) = \pm$。

要說明的是以上定義是建立在非對稱擊敗關係之上的，並不刻畫包含偶循環的論證框架，需要注意與前人定義的區別。例如，卡米納達等的三值方法是建立在對稱的攻擊關係之上的，其標記語義可以刻畫偶循環論證，而普拉肯以及波洛克等的方法同樣是建立在對稱的攻擊關係之上的二值方法。

論證語義的核心內容之一是確定論證的狀態，標記的方法有利於直觀地比較論證的狀態。波洛克將論證的狀態分為未被擊敗的、徹底被擊敗的、暫時被擊敗以及似真被擊敗的，普拉肯與弗雷斯維克將論證的狀態分為被證成、可防禦以及被否決的[1]。為便於直觀地比較，擬引入支持度 $Dr \in [0, 1]$ 量化論證的證成狀態，從而將偏好的比較轉化為數值的比較，可以定義如下：

（1）$l(A) = +$ 當且僅當 $Dr(A) = 1$ 且論證 A 是完全證成的。

---

[1] PRAKKEN H, VREESWIJK G. Logics for defeasible argumentation [C] // GABBAY D, GUENTHNER F. Handbook of Philosophical Logic. Dordrecht: Kluwer Academic Publishers, 2002.

(2) $l(B) = -$當且僅當 $Dr(A) = 0$ 且論證 A 是強反駁的。

(3) $l(A) = \pm$當且僅當 $Dr(A) = 0.5$ 且論證 A 是可防禦的。

容易證明不同的論證狀態所對應的標記應該滿足的擴充條件，對應的定理如下：[①]

(1) 論證 A 是完全證成的當且僅當 A 屬於扎根擴充。

(2) 論證 A 是強反駁的當且僅當 A 被扎根擴充所攻擊。

(3) 論證 A 是可防禦的當且僅當 A 不屬於可允許集合併且不被任意可允許集合所擊敗。

根據以上定理，可以進一步得到一個判定論證的證成狀態的能行方法（見圖 5-6）：

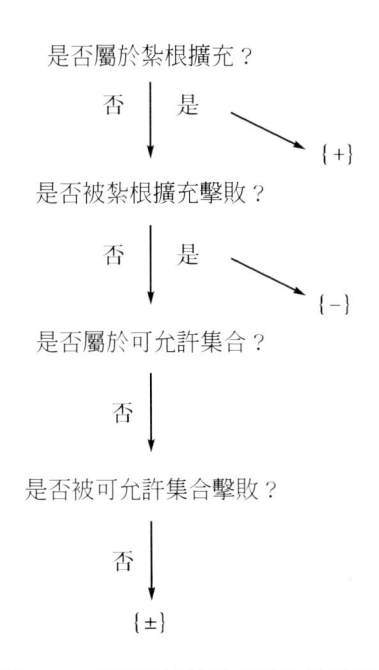

圖 5-6 判定論證的證成狀態的能行方法

[①] 這裡的 $JS(A)$ 表示 A 的完全標記。WU Y N, CAMINADA M. A labelling-based justification status of arguments [J]. Studies in Logic, 2010, 3：12-29.

要說明的是，以上能行的判定方法是不考慮專家等因素的。在加入聽眾後的論證框架中，需要考慮被剔除攻擊關係後生成的新的框架，因而本書改進的能行方法如圖5-7：

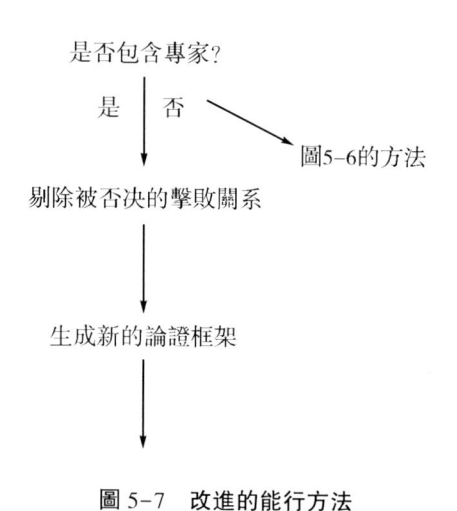

圖 5-7 改進的能行方法

下面利用以上標記方法比較論證網絡中論證的證成狀態。先討論未加入專家的論證框架，如圖5-8所示：

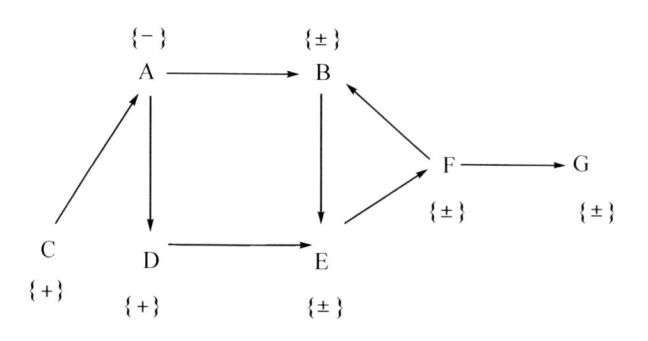

圖 5-8 未加入專家的論證框架①

---

① 圖 5-8 中的單項箭頭表示攻擊關係，每個論證都有一個對應的賦值集。

容易得到 C、D 及 F 是完全證成的，A、B、E 及 G 是強反駁的。論證的證成狀態的偏好關係為：$C \approx D \approx F > A \approx B \approx E \approx G$。

接著討論加入專家後的論證框架，假定專家否決包括 Delete（A,B）以及 Delete（D,E）。新的生成框架如圖 5-9 所示：

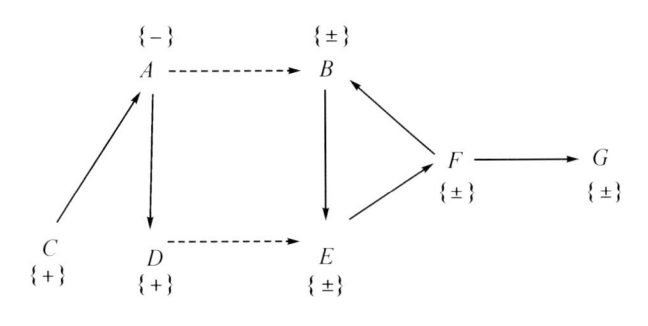

圖 5-9　論證結構 2

容易得到 C 及 D 是完全證成的，A 是強反駁的，B、E、F 及 G 是可防禦的。論證的證成狀態的偏好關係變為：$C \approx D \approx B > E \approx F \approx G \approx A$。

一般來說加入擊敗關係的目的是為了改變目標論證的證成狀態，但是加入專家的論證框架中否定擊敗關係不必然會改變某個論證的證成狀態。

構造反例如：A, B, C, D, E, $F \in Args$，並且有 (B, C), (C, A), (D, E), (E, A), $(A, F) \in defeat$。假設加入專家後的論證框架包含專家否決論證 Delete（B, C）、Delete（C, A）以及 Delete（E, A），根據以上給定的能行方法，容易發現 A 的狀態在剔除擊敗關係前後沒有發生改變，都標記為 +，即為完全證成的論證。

另外一個問題是，加入專家的論證框架中否定擊敗關係的路徑是否

可以等價於某種添加擊敗論證的路徑？

答案是並不等價，因為並非所有否定擊敗關係的路徑都可以由添加擊敗論證來實現。可以分為以下兩種情況加以討論：

第一種情況：如果剔除擊敗關係後並且論證框架內的論證的狀態不發生改變，那麼可以由三種添加擊敗論證的路徑所替代。因為，假設只剔除一個擊敗關係 (A, B) 且 A 與 B 的證成狀態不變，如果標記為+，可以通過添加標記為 − 的擊敗論證 C 以保持證成狀態不變。如果標記為±，可以通過添加標記為±的擊敗論證 C 以保持證成狀態不變。同樣，如果標記為 ±，可以通過添加標記為 ± 的擊敗論證 C 以保持證成狀態不變。剔除多個擊敗關係的證明同理。

第二種情況：如果剔除擊敗關係後並且論證框架內的論證的狀態發生改變，那麼並非都能由某種添加擊敗論證的路徑所替代。可以分為六種子情況來討論，下面僅舉出不能的情況：

如果論證 A 標記為+，那麼由定義 5.6.1（2）得必定存在擊敗論證 B 標記±。假定剔除擊敗關係後 A 標記改為±，那麼由定義 5.6.1（3），A 的擊敗論證必須全部標記為+，顯然矛盾，所以無論添加任何擊敗論證都無效。

通過以上證明思路，可以看出專家否決是一類新的擊敗類型，不是以往的擊敗路徑可以替代的。而且在複雜的論證網絡中，否定擊敗關係的應用要比添加擊敗論證有效得多。

第五節　未被超越的非形式邏輯

　　人工智能對非形式邏輯的表達和刻畫並不是獨立的，諸多研究對象的形式化都是彼此聯繫的，例如，論證結構以及圖解方法離不開論證的概念和論證間的攻擊方式、論證圖式需要結合對應的批判性問題、論證的動態性和程序性必然與論證的評估緊密相連，這些密不可分的內容形成了論證的人工智能模型的重要組成。這些富有成效的形式化工作表明，人工智能關注非形式邏輯並不是局限於一些簡單的概念，而是從多方面理解、表達和刻畫當代論證理論的共性內容。然而，一些形式邏輯學家因此認為人工智能或現代邏輯可以形式化所有的非形式論辯理論，或者說非形式邏輯所關注和研究的問題都可以被人工智能所建模，因而輕視甚至否認非形式邏輯的理論價值和實踐意義。

　　顯然，這種觀點並沒有正確理解非形式邏輯的學科內涵，更加沒有理解人工智能對於非形式邏輯而言的意義。首先，非形式邏輯並沒有與形式邏輯相衝突，形式邏輯關注以演繹有效性為導向的論證分析和評估，但是不能很好地處理自然語言論證的歧義性和語用特點，而非形式邏輯作為一種補充性理論，專注於自然語言論證的實踐性轉向，提出了可接受性、相關性和充分性等補充性評估標準。其次，人工智能無法刻畫所有的非形式邏輯，而只是部分的內容，或者說，以目前的技術和理論還不足以刻畫一些問題。例如，約翰遜論證理論的論辯性外層包含了對論辯性素材的回應，具體包括預見與回應反對意見、預見與回應批

評、預見後果或推論，這種預見性行為就難以被形式化；形式論辯術研究了如何從形式化的角度分析和評價謬誤，但是新論辯術和語用論辯術理論超越了形式邏輯對於謬誤的消極觀點，辯證地看待謬誤在實踐推理中的積極作用。

　　非形式論辯理論和人工智能是互相借鑑和補充的關係，這種關係可以概括為兩個方面：第一，非形式邏輯啓發了形式論辯理論，除以上關於論證分析和評估理論等的形式化表達，人工智能還借鑑了非形式邏輯的諸多因素，如卡朋就從中借鑑了佩雷爾曼的新修辭學的聽眾理論。這些應用都意味著在人工智能視域下非形式邏輯的形式化不但沒有中斷其理論的影響力，反而使得其理論得到了更好的推廣和應用。因而，與其說人工智能形式化了非形式邏輯，不如說非形式邏輯啓發了人工智能。第二，人工智能促進非形式邏輯在一些具體領域實現了新發展，由於人工語言的精確性，人工智能在表達和刻畫一些概念時較非形式邏輯更加清楚和準確，而且人工智能使得非形式邏輯的研究內容得到了更為深入的解構，非形式論辯理論的形式化也使得其理論內涵在其學科範圍之外的其他領域得到了再次解讀。總的來說，人工智能與非形式邏輯的發展是共生和相互促進的，不能突出一方的作用而忽略另一方的作用，非形式邏輯的諸多成熟理論為形式論證的理論提供了理論支持和哲學辯護，而人工智能也將在持續吸收非形式邏輯特性的演進過程中不斷產生新的研究成果。

第六章　面向綜合的研究進路

第一節　綜合的研究方法

　　本章的目的是給出一種整合非形式邏輯與可計算論辯理論的綜合性方法。本書認為可計算論辯理論被看作是對非形式邏輯的補充，因而在具體建構法律論證的綜合方法時，可以先採用非形式論辯理論的方法和評估分析，後採用可計算論辯理論的分析和評估方法，先後兩種方法所分析的層面和內容都不相同，目的是使得兩種方法發揮所長。首先，非形式邏輯的方法可以先識別論證的前提和結論，重構前提和結論所組成的論證結構，厘清論證所包含的論證圖式，找到論證間的支持和攻擊關係等。可計算論辯理論可以在非形式邏輯方法的基礎上，進一步精確地給出論證的形式化表達，編織出多個論證間的支持和關係構成的複雜網絡，從宏觀上把握網絡中每個論證的證成狀態或可接受性。

　　綜合方法可以初步分為七個步驟，其中前四個步驟是非形式邏輯的步驟，後三個步驟是可計算論辯理論的步驟，整體上，後三個步驟要建立在前四個步驟的基礎之上，即可計算論辯理論的工作要以非形式邏輯為基礎。這七個步驟分別是：第一步要識別論證的前提和結論；第二步

要識別概括或論證圖式；第三步要識別論證結構和攻擊關係；第四步是非形式化的論證評估；第五步是形式化論證；第六步是形式化攻擊關係。

第一步：識別論證的前提和結論

綜合方法的第一步是識別論證的前提和結論。在一些包含省略前提以及隱含某些命題的論證當中，無法根據順序重構一個由前提到結論的標準論證形式，因而首先需要通過指示詞來識別前提和結論。

結論的指示詞通常有：因此、所以、因而、這說明、這表明、由此可見、基於這些理由、由此可知、由此得到、不難得到、由此可以推出……

前提的指示詞通常有：因為、由於、根據、依據、緣於、理由是、在於、給定、已知、鑒於……

有的時候，論證當中並沒有明顯的指示詞，在這種情況下還需要通過理解論證所在背景和情境來找到前提和結論。有的時候，論證當中的命題不一定都是以陳述句的形式出現，而是以反問句、祈使句或感嘆句的形式出現。

第二步：識別概括或論證圖式

在識別論證的前提和結論之後，還應當找到連接前提和結論的推論規則，這種規則可以通過非形式邏輯的兩種方法來找到。

首先，可以通過概括來找到。概括可以按照抽象與否分為抽象概括和具體語境下的概括。①抽象的普遍性概括，如：在某些情況下，一個被看到正逃離犯罪現場的人，可能是罪犯；②具體語境下的概括，如：人們看到一個穿西裝的人匆忙離開一棟公寓，而那棟公寓裡有一個被害

者剛被人謀殺，這個人可能就是罪犯。

那麼概括是如何被重構為推論規則的呢？重構方法是將概括重寫為條件句。例如，對於經驗概括：在多數情況下，殺人犯會逃離犯罪現場，容易重構為一個推論規則：如果殺人犯在 A 地實施犯罪，那麼他會逃離 A 地。又如，根據一般的刑偵經驗，有經驗概括：有犯罪動機的人會被認為是犯罪嫌疑人的懷疑對象，容易得到一個推論規則：如果 Z 某有犯罪動機，那麼假定 Z 某有犯罪嫌疑。

其次，可以通過論證圖式來找到。第三章第一節已經詳述了沃爾頓的若干種典型的論證圖式。普拉肯認為論證圖式的本質屬性不僅是參與對話博弈的工具，而且是可廢止的規則，他主張將論證圖式還原為法律論證中的可廢止規則，還原方法是在原有論證圖式上添加條件句構成可廢止規則。[1]

例如，將從位置到知道的論證圖式還原為可廢止規則：如果 E 在包含 A 的位置知道 A 是否為真並且 E 斷定 A 為真，那麼 A 為真。

第三步：識別論證結構和攻擊關係

第三步需要識別論證結構和論證間的攻擊關係。非形式邏輯學家在論證結構分類這一方面做了重要工作，第三章已經介紹了新論辯術將論證結構概括為單一型、收斂型、聯合型、序列型、分散型以及複合型論證。語用論辯術類似地將論證結構概括為單一型、多重型、同位型、從屬型。

這裡介紹沃爾頓總結的非形式定義：①論證是單一型論證當且僅當

---

[1] PRAKKEN H. On the nature of argument schemes [M]. London: College Publications, 2010.

它僅包含一個前提支持結論；②論證是收斂型論證當且僅當存在兩個或兩個以上的前提並且每個前提都單獨支持結論；③論證是聯合型論證當且僅當它包含的前提聯合支持結論；④論證是序列型論證當且僅當支持結論的前提同時也受其他前提所支持；⑤論證是分散型論證當且僅當存在兩個或兩個以上的結論由同一個前提推出；⑥論證是複合型論證當且僅當它至少包含以上兩種論證類型。①

　　非形式邏輯學家認為，對於論證的攻擊可以分別攻擊論證的基本組成部分，也就是攻擊前提、結論以及可廢止規則。非形式邏輯主張通過對論證圖式提出批判性問題來達到攻擊或質疑的目的。例如，對於基於「從位置到知道的論證圖式」的可廢止規則，存在批判性問題：①a是一個誠實的（可信的、可靠的）資料提供者嗎？②a斷言A是真（假）嗎？第一個批判性問題是對前提的攻擊，而第二個批判性問題是對可廢止規則的攻擊。事實上，所有的批判性問題都可以轉化為對前提、結論或可廢止規則的攻擊。本書第三章第一節也已經詳述了若干種典型的論證圖式及其對應的批判性問題。

第四步：非形式化的論證評估

　　在完成以上分析性的工作以後，就可以進入到評估論證的階段了。本書認為沒有必要獨立發展一種新的非形式邏輯，只需要借鑑本書第三章介紹的三種典型的非形式邏輯的代表性理論的評估理論，即沃爾頓的新論辯術的評估理論、愛默倫的語用論辯術的評估理論以及約翰遜的論證理論的評估理論。

---

　　① WALTON D. Argument structure: A pragmatic theory [M]. Toronto: University of Toronto Press, 1996.

第五步：形式化論證

論證的形式化工作需要在前面三個非形式邏輯的步驟上進行，也就是說，要形式化論證，必須首先要明確論證的基本組成，包括前提、結論和推論規則。論證的形式化工作可以借鑑結構化論辯框架（第四章第二節）來精細化地展示論證的內部結構，這種結構也可以用於刻畫非形式邏輯的第三個步驟。

第六步：形式化論證結構和攻擊關係

識別論證間的支持和攻擊關係也同樣需要建立在非形式邏輯的步驟的基礎之上，事實上對於論證間的攻擊關係的識別還是要通過人來完成的。普拉肯認為攻擊前提的類型是破壞攻擊，攻擊結論的是反駁攻擊，攻擊可廢止規則的是中斷攻擊，本書第四章第二節已經詳細給出了這三種攻擊類型的形式化定義。另外，關於論證結構的形式化，可以借鑑結構化論辯框架來形式化論證結構，相關工作參見筆者與普拉肯合作發表的成果[1]。

第七步：形式化的論證評估

論證的形式化評估只有在完成第五步和第六步的前提下才能進行，由於這兩步是建立在非形式邏輯的步驟（第一步至第三步）的基礎之上的，因而可以說形式化評估也是以非形式邏輯的工作為前提的。本書第四章已經介紹了以 Dung 的抽象論辯語義為基礎發展出來的一系列語義，包括擴充語義和標記語義。這些語義都是當前可計算論辯理論中使用最廣泛的語義，可以直接作為評估論證的方法。

---

[1] WEI B, PRAKKEN H. Defining the structure of arguments with AI models of argumentation [C] //Proceedings of the 12th Workshop on Computational Models of Natural Argument, Montpellier, France, 2012.

以上綜合非形式邏輯和可計算論辯理論的方法可以展開如圖6-1所示。要說明的是，第四步和第五步可以同時進行，第五步不必然要在第四步的基礎上進行，這是因為兩種理論都可以在第三步之後獨立進行。

```
第一步：識別論證的前提和結論
          ↓
第二步：識別概括或論證圖式
          ↓
第三步：識別論證結構和攻擊關係
       ↙        ↘
第四步：非形式化的論證評估    第五步：形式化論證
                              ↓
                     第六步：形式化論證結構和攻擊關係
                              ↓
                     第七步：形式化的論證評估
```

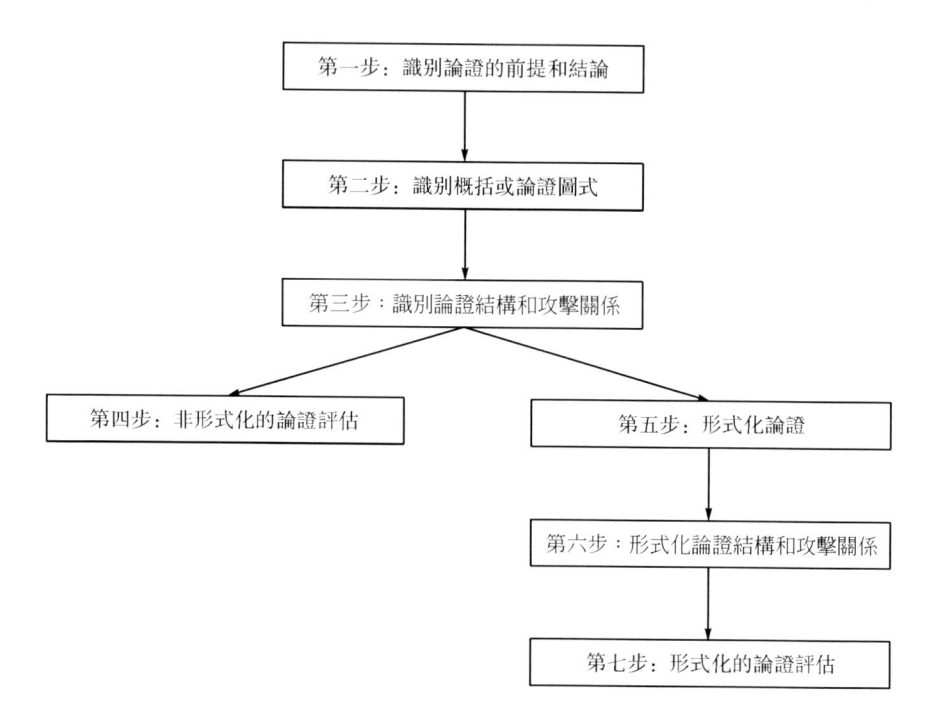

圖6-1　綜合七步法

第二節　案例分析

本節將應用上一節所建構的綜合方法來研究「世紀大案」辛普森案當中的法律論證。辛普森案（O. J. Simpson murder case）是美國加利福尼亞州最高法院對前美式橄欖球明星、演員辛普森進行的刑事訴訟。

在該案中，辛普森被指控於 1994 年犯下兩宗謀殺罪，受害人為其前妻妮可‧布朗‧辛普森（Nicole Brown Simpson）及前妻的好友羅納德‧高曼（Ronald Goldman）。該案被稱為美國歷史上最受公眾關注的刑事審判案件。在經歷了創加州審判史紀錄的長達九個月的馬拉松式審判後，辛普森被判無罪。該案共有 126 位證人向法庭提供了長達 5 萬頁的證詞，控辯雙方出具了 1,115 件證據並且花費了 133 天的時間提供這些證據。這裡撇開細枝末節的情況證據，僅關注重要的有力證據。檢方主張的案件事實主要基於以下幾項證據①：

（1）在辛普森位於羅漢金的私人住宅裡，尋獲了一只血手套，這個手套據稱符合辛普森手掌的大小，是他曾用過的樣式，而在妮可邦迪街住宅的犯罪現場找到了另一只手套，與之成對。這只手套上，有跟高曼襯衫一樣的纖維、妮可和高曼的頭髮、野馬跑車上的灰塵以及一個黑人四肢上的毛髮。

（2）在辛普森臥房地板上發現有血跡的襪子，檢方聲稱這個血跡的 DNA 測試反應與辛普森和妮可的吻合。

（3）在邦迪街犯罪現場房屋後門發現的血跡。血跡在門上，四周則相當乾淨，檢方聲稱這個血跡保存得比較完整，也發現其 DNA 血跡測試與辛普森的吻合。

（4）在辛普森野馬跑車上多處發現血跡：駕駛座旁邊的車門、車內地板以及中間置物箱。在門邊的血跡是辛普森的；在置物箱的血跡經鑒定是辛普森、妮可和高曼的，而在車內地板上的血跡則是妮可的。

---

① 亞倫‧德肖維茨. 合理的懷疑：從辛普森案批判美國司法體系［M］. 高忠義，等譯. 北京：法律出版社，2010.

（5）在犯罪現場發現被害者的血跡，警方聲稱經由 DNA 的血液檢測反應，證實是辛普森的。採集的其中一滴血，也經過傳統血清檢驗證明，與辛普森的血液相同。

（6）在犯罪現場發現的毛髮和衣服纖維。辛普森的毛髮是在犯罪現場的一個毛織帽裡找到的，另外毛髮也在高曼的衣服上被發現。其他在帽子裡測出的纖維與野馬跑車內地毯的纖維是一樣的。高曼衣服上的藍黑色纖維，據稱也與犯罪現場那只血手套上的纖維和辛普森臥房內搜到的襪子纖維相符合。

（7）在犯罪現場中的血鞋印是 12 碼（辛普森的尺寸），是布魯明戴爾百貨公司裡的一家布魯諾・馬利（Bruno Magli）鞋店所賣的一雙 160 美元的休閒鞋，這是辛普森有時候會去光顧的一家鞋店。

（8）在辛普森羅漢金住處的不同地點發現的少量血跡，都證實是辛普森的：車道上、大廳裡。測試反應當中也透露，在辛普森臥房的浴室水槽與花灑有血跡。

（9）就婚姻暴力史來看，包括一次身體攻擊，還有為數眾多的事件，據稱是與其動機相符合的態度。

（10）從時間方面來看，根據檢方的預測，他們認為辛普森有充裕的時間可以在妮可的邦迪街住處犯罪，然後返回羅漢金家中與轎車司機會面。

檢方的證據並非毫無漏洞，辛普森的律師團提出警方的取證程序違規並且部分證據存疑：

（1）警方拿到妮可家中的毯子覆蓋屍體，從而破壞了犯罪現場，使得控方後來宣稱找到的毛髮與纖維證據，其效力相當可疑。

（2）在從屍體上的衣物採集毛髮和纖維樣本之前，受害者的屍體就在犯罪現場被移動了。

（3）警方沒有及時通知驗屍官，但先應通知驗屍官驗屍卻是洛杉磯警察局規定的程序。

（4）警方不僅在申請搜查票獲準之前就私自進入辛普森的私人住宅裡，還編了一個讓人懷疑的故事。

（5）基於警方對於搜查票事情的不實陳述，法官最後認定刑警菲利普・範耐特（Philip Vannatter）對於程序的實施「輕忽、毫不在意」。

（6）受害者屍體由法醫辦公室艾溫・高登（Irwin L. Golden）醫生進行解剖，但檢方最後決定不傳他作證。

（7）洛杉磯警方派實習警察安德里亞・馬佐拉（Andrea Mazzola）到犯罪現場跟丹尼斯・馮（Dennis Fung）一起採血樣。馬佐拉之前未擔任過在犯罪現場採集血液證據的初級勤務。

（8）範耐特將辛普森的血跡樣本放在一個沒有封閉的玻璃瓶中長達三個小時，還在登記檢驗前去喝了一杯咖啡。審判證據法使辯方得以爭執檢方無法解釋有 1.5cc 血液去向不明。

（9）刑事偵查人員在第一次調查時，沒有在後門或襪子上找到血跡，而是在範耐特採得辛普森的血液樣本並帶來帶去的幾個星期後，才又驗出血跡。

（10）偵查人員並沒有在採集血液樣本時計算數量；放入試管內待干時也沒有清點；之後在血液取出試管的過程中也沒有統計其數量。一直到 6 月 16 日前，樣本數量完全沒有登記過。

下面將展開對案件中的論證的分析和評估。按照綜合方法的步驟，先採用非形式邏輯的方法，後採用可計算論辯理論的方法。

綜合方法的第一步是識別論證的前提和結論。在本案中，最後的主張是控方所主張的結論：辛普森殺害了妮可，這個結論又被稱為主結論，檢方的所有論證都是為了支持這個結論。構造支持主結論的論證還要找到支持它的直接前提，根據刑事案件中認定案件事實的基本要素，不難找到直接前提有：①案發時辛普森在第一犯罪現場；②辛普森有殺害妮可的動機；③辛普森有時間實施謀殺。這三個前提本身不是證據，而是作為某個子論證的結論，因而同樣需要新的前提來予以支持。由於整個案件的子論證數量巨大，這裡選取其中一個子論證來研究，也就是支持直接前提①的子論證。為方便起見，將支持主結論的論證標記為論證1，支持①的論證標記為論證2。

綜合方法的第二步是識別概括和論證圖式。在論證1當中，不難找出概括：如果案發時某人在第一犯罪現場，他有殺害被害人的動機並且他有時間實施謀殺的行為，那麼他殺害了被害人。在論證2當中，也不難找到概括：如果第一犯罪現場有某人的在場證據並且第二犯罪現場有證據支持被告人在第一犯罪現場，那麼案發時他在第一犯罪現場。需要說明的是，這些概括不必都是嚴格的，存在關於這些概括的質疑。在整個案件的論證當中，還存在大量的論證圖式的應用，例如，法醫給出專家證言：DNA測試表示血跡屬於辛普森，據此推出結論：血跡屬於辛普森。這就是一個典型的訴諸專家意見的論證圖式。

綜合方法的第三步是識別論證結構和攻擊關係。不難發現，論證1

是一個典型的聯合型論證,因為支持它的三個直接前提必須聯合起來才能支持結論,如果缺少任何一個前提都不能支持結論。類似地,論證2也是一個聯合型論證。此外,在整個案件的論證當中,存在多種攻擊關係,例如,檢方主張犯罪現場房屋後門有辛普森在實施犯罪時留下的血跡,這是由犯罪現場房屋後門有辛普森的血跡所支持的,但是,辯方提出完全相反的主張,即血跡並非辛普森在實施犯罪時留下的,這是因為犯罪現場後門的血跡中含有EDTA。顯然,辯護方的論證是對檢方論證的結論的攻擊,根據普拉肯的命名,又被稱為反駁攻擊。又如,檢方展示證人證言,即富爾曼陳述在辛普森家中發現帶有血跡的手套,但是辯方質疑富爾曼偽造證據,因為富爾曼是極端的種族主義者。顯然,辯方的攻擊在實質上是對富爾曼的證言對結論的支持關係的攻擊,這種攻擊又被稱為中斷攻擊。需要說明的是,在下面的推論圖中(圖6-2、圖6-3和圖6-4),實線箭頭表示攻擊前提或結論,而虛線箭頭表示攻擊由前提到結論的推論規則。

綜合方法的第四步是非形式化的論證評估。可以參照沃爾頓的新論辯術的評估理論、愛默倫的語用論辯術的評估理論以及約翰遜的論證理論的評估理論。以約翰遜的論證評估理論為例,評估本案中的論證需要從論證的內部結構的評估和論辯結構的評估兩個方面進行:一方面,在論證的內部結構上,需要評估推論性核心,也就是評估論證的證據(前提)是否是可接受的、證據與主張之間是否是相關的、證據是否為主張提供了充分的支持;另一方面,在論證的論辯結構上,需要評估論辯性外層,也就是評估論辯方是否對論辯性素材進行了有效的回應,是否履

行了論辯性義務，是否達到了論辯充分性的要求。

至此，以上非形式邏輯方法就較為全面地分析和評估了案件中的論證。為直觀地展示整個案件的概貌，下面採用推論圖（圖6-2、圖6-3和圖6-4）來展示案件事實所包含的大部分論證。在圖6-2和圖6-3當中的實線框是本章所要討論的主要的論證。

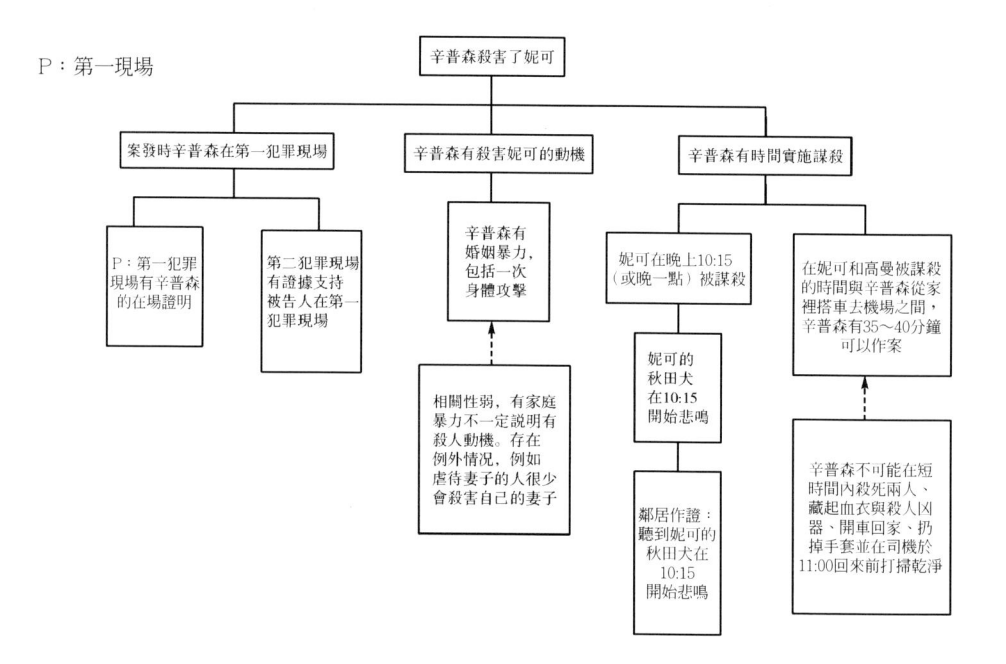

P：第一現場

```
                            ┌──────────────────┐
                            │  辛普森殺害了妮可  │
                            └──────────────────┘
           ┌───────────────────┼───────────────────┐
┌──────────────────┐  ┌──────────────────┐  ┌──────────────────┐
│案發時辛普森在第一犯罪現場│  │辛普森有殺害妮可的動機│  │ 辛普森有時間實施謀殺 │
└──────────────────┘  └──────────────────┘  └──────────────────┘
    ┌──────┴──────┐            │              ┌──────┴──────┐
┌────────┐ ┌────────┐   ┌──────────┐    ┌──────────┐ ┌──────────────┐
│P：第一犯罪│ │第二犯罪現場│   │辛普森有  │    │妮可在晚上 │ │在妮可和高曼被謀殺│
│現場有辛普森│ │有證據支持 │   │婚姻暴力，│    │10:15    │ │的時間與辛普森從家│
│的在場證明 │ │被告人在第一│   │包括一次  │    │（或晚一點）│ │裡搭車去機場之間，│
│          │ │犯罪現場  │   │身體攻擊  │    │被謀殺    │ │辛普森有35～40分鐘│
└────────┘ └────────┘   └──────────┘    └──────────┘ │可以作案       │
                              ↑              ┌────────┐ └──────────────┘
                        ┌──────────┐    │妮可的   │         ↑
                        │相關性弱，│    │秋田犬   │    ┌──────────────┐
                        │有家庭    │    │在10:15  │    │辛普森不可能在短│
                        │暴力不一定│    │開始悲鳴 │    │時間內殺死兩人、│
                        │說明有    │    └────────┘    │藏起血衣與殺人凶│
                        │殺人動機。│         ↑         │器、開車回家、扔│
                        │存在      │    ┌────────┐    │掉手套並在司機於│
                        │例外情況，│    │鄰居作證：│    │11:00回來前打掃乾淨│
                        │例如      │    │聽到妮可的│    └──────────────┘
                        │虐待妻子的│    │秋田犬在 │
                        │人很少    │    │10:15    │
                        │會殺害    │    │開始悲鳴 │
                        │自己的妻子│    └────────┘
                        └──────────┘
```

圖6-2　論證1

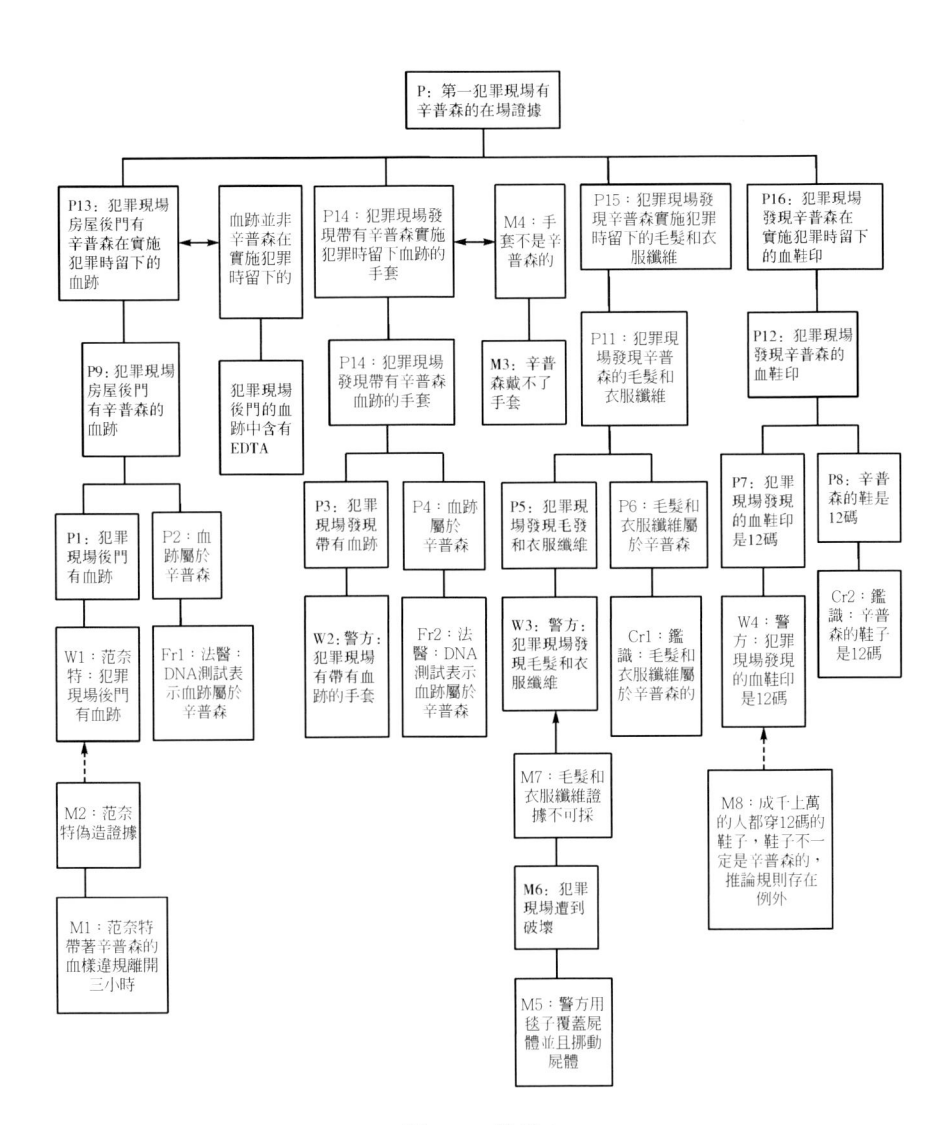

第六章 面向綜合的研究進路 | 175

圖 6-3 論證 2

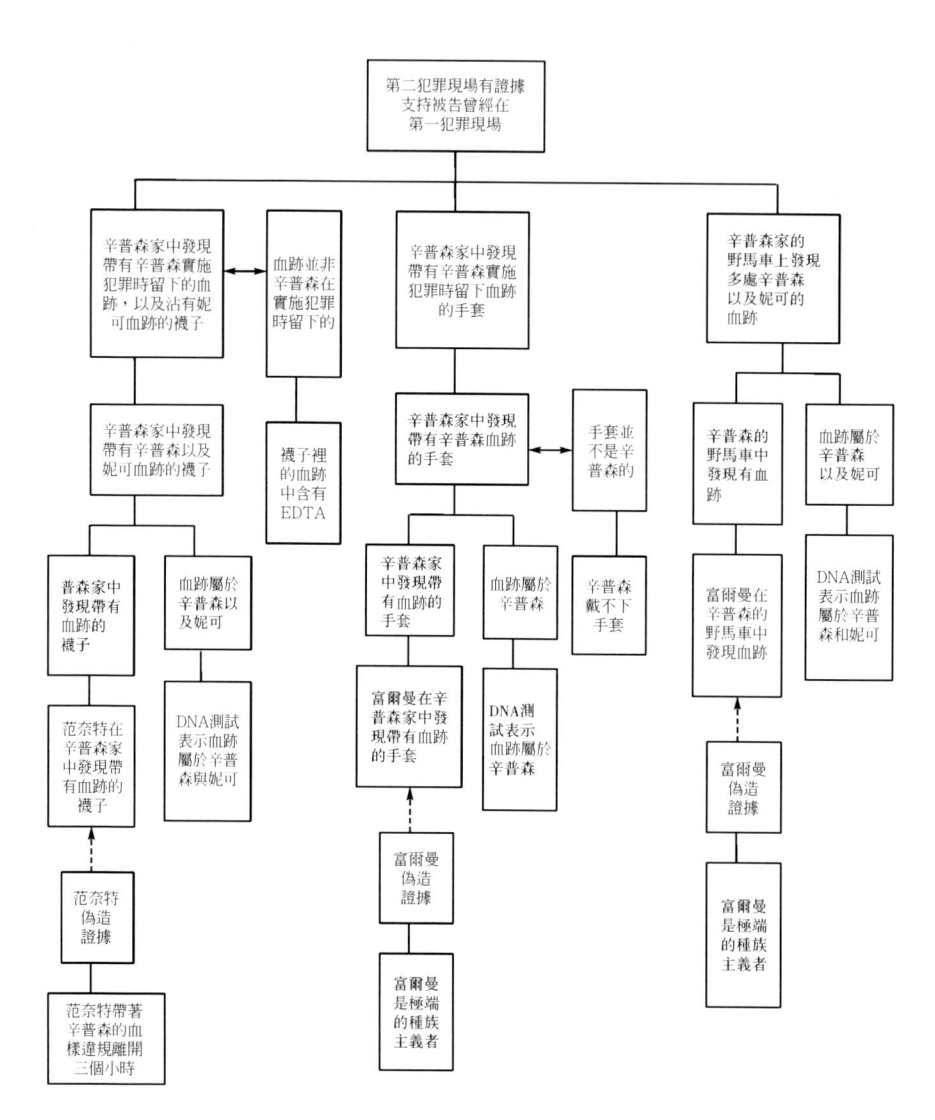

圖 6-4　論證 3

　　綜合方法的第五步就進入到可計算論辯理論的步驟，也就是形式化論證，這一步是在非形式邏輯的前三步的基礎上進行的。下面將在前述工作的基礎上形式化論證 1，即結論是「$P=$ 第一犯罪現場有辛普森的在場證據」的論證。

根據非形式邏輯的方法，不難得到檢方給出的論證所包含的基於訴諸證人證言以及訴諸專家證言的可廢止規則包括：

R_1：如果（W_1）範耐特作證：犯罪現場後門有血跡，那麼（P_1）犯罪現場後門有血跡。

R_2：如果（FR_1或FR_2）法醫報告：DNA測試顯示血跡屬於辛普森，那麼（P_2或P_4）血跡屬於辛普森。

R_3：如果（W_2）警方作證：犯罪現場發現帶有血跡的手套，那麼（P_3）犯罪現場有帶有血跡的手套。

R_4：如果（W_3）警方作證：犯罪現場發現毛髮和衣服纖維，那麼（P_5）犯罪現場有毛髮和衣服纖維。

R_5：如果（CR_1）法證報告：毛髮和衣服纖維屬於辛普森，那麼（P_6）毛髮和衣服纖維屬於辛普森。

R_6：如果（W_4）警方作證：犯罪現場發現的血鞋印是12碼，那麼（P_7）犯罪現場發現的血鞋印是12碼。

R_7：如果（CR_1）法證報告：辛普森的鞋是12碼，那麼（P_8）辛普森的鞋是12碼。

R_8：如果（P_1）犯罪現場後門有血跡並且（P_2）血跡屬於辛普森，那麼（P_9）犯罪現場房屋後門有辛普森的血跡。

R_9：如果（P_3）犯罪現場有帶有血跡的手套並且（P_4）血跡屬於辛普森，那麼（P_{10}）犯罪現場發現帶有辛普森的血跡的手套。

R_{10}：如果（P_5）犯罪現場有毛髮和衣服纖維並且（P_6）毛髮和衣服纖維屬於辛普森，那麼（P_{11}）犯罪現場發現辛普森的毛髮和衣服纖維。

R_{11}：如果（P_7）犯罪現場發現的血鞋印是 12 碼並且（P_8）辛普森的鞋是 12 碼，那麼（P_{12}）犯罪現場發現辛普森的血鞋印。

R_{12}：如果（P_9）犯罪現場房屋後門有辛普森的血跡，那麼（P_{13}）犯罪現場房屋後門有辛普森在實施犯罪時留下的血跡。

R_{13}：如果（P_{10}）犯罪現場發現帶有辛普森的血跡的手套，那麼（P_{14}）犯罪現場發現帶有辛普森實施犯罪時留下的血跡的手套。

R_{14}：如果（P_{11}）犯罪現場發現辛普森的毛髮和衣服纖維，那麼（P_{15}）犯罪現場發現辛普森在實施犯罪時留下的毛髮和衣服纖維。

R_{15}：如果（P_{12}）犯罪現場發現辛普森的血鞋印，那麼（P_{16}）犯罪現場發現辛普森在實施犯罪時留下的血鞋印。

R_{16}：如果（P_{13}）犯罪現場房屋後門有辛普森在實施犯罪時留下的血跡並且（P_{14}）犯罪現場發現帶有辛普森實施犯罪時留下的血跡的手套並且（P_{15}）犯罪現場發現辛普森在實施犯罪時留下的毛髮和衣服纖維並且（P_{16}）犯罪現場發現辛普森在實施犯罪時留下的血鞋印，那麼（P）第一犯罪現場有辛普森的在場證據。

辯方給出的反論證所包含的可廢止規則包括：

R_{17}：如果（M_1）範耐特帶著被告人的血樣違規離開三個小時並在辛普森家周圍繞圈，那麼（M_2）範耐特可能會偽造證據。

R_{18}：如果（M_5）警方用毯子覆蓋屍體並且挪動屍體，那麼（M_6）犯罪現場會遭到破壞。

R_{19}：如果（M_4）辛普森穿不下手套，那麼（M_5）手套並非是辛普森的。

R_{20}：如果（M_6）犯罪現場會遭到破壞，那麼（M_7）收集的毛髮和

衣服纖維證據不可採。

根據以上命題以及推論關係，可以得到的推論圖以及論證圖如圖 6-5 和圖 6-6 所示：

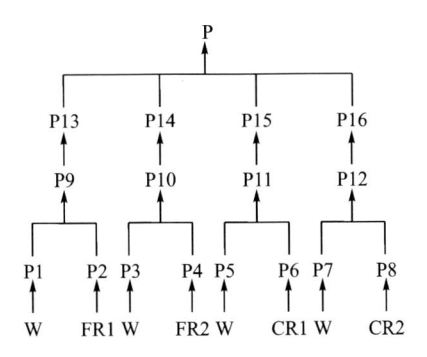

圖 6-5　推論圖

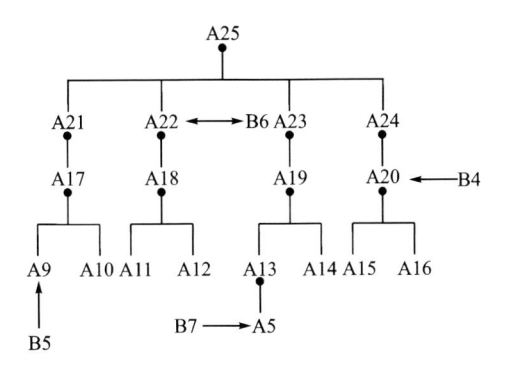

圖 6-6　論證圖

下面根據普拉肯的結構化論辯框架來定義論證，檢方支持主張 P 的論證及其子論證包括：

$A_1 = [W_1]$，$A_2 = [FR_1]$，$A_3 = [W_2]$，$A_4 = [FR_2]$，$A_5 = [W_3]$，$A_6 = [CR_1]$，$A_7 = [W_4]$，$A_8 = [CR_2]$；

$A_9 = [A_1 \Rightarrow P_1]$，$A_{10} = [A_2 \Rightarrow P_2]$，$A_{11} = [A_3 \Rightarrow P_3]$，$A_{12} = [A_4 \Rightarrow$

P_4〕，A_{13} = 〔$A_5 \Rightarrow P_5$〕，A_{14} = 〔$A_6 \Rightarrow P_6$〕，A_{15} = 〔$A_7 \Rightarrow P_7$〕，A_{16} = 〔$A_8 \Rightarrow P_8$〕；A_{17} = 〔$A_9, A_{10} \Rightarrow P_9$〕，$A_{18}$ = 〔$A_{11}, A_{12} \Rightarrow P_{10}$〕，$A_{19}$ = 〔$A_{13}, A_{14} \Rightarrow P_{11}$〕，$A_{20}$ = 〔$A_9, A_{10} \Rightarrow P_{12}$〕；$A_{21}$ = 〔$A_{17} \Rightarrow P_{13}$〕，$A_{22}$ = 〔$A_{18} \Rightarrow P_{14}$〕，$A_{23}$ = 〔$A_{19} \Rightarrow P_{15}$〕，$A_{24}$ = 〔$A_{20} \Rightarrow P_{16}$〕；$A_{25}$ = 〔$A_{21}, A_{22}, A_{23}, A_{24} \Rightarrow P$〕。

辯方的攻擊論證包括：

B_1 = 〔M_1〕，B_2 = 〔M_3〕，B_3 = 〔M_5〕，B_4 = 〔M_8〕；

B_5 = 〔$B_1 \Rightarrow M_2$〕，B_6 = 〔$B_2 \Rightarrow M_4$〕，B_7 = 〔$B_3 \Rightarrow M_6$〕，B_8 = 〔$B_7 \Rightarrow M_7$〕。

以上就完成了論證 1 及其所有子論證的形式化工作。

綜合方法的第六步是形式化論證結構和攻擊關係。論證 1 當中的多個子論證都是典型的聯合型論證，這種論證可以形式化為：論證 A 是聯合型論證當且僅當 A 的形式如 $B_1, \cdots, B_n \rightarrow/\Rightarrow \varphi$ 並且子論證 $B_1, \cdots, B_n$ 都是原子論證 B_1 = 〔φ_1〕，$\cdots$，B_n = 〔φ_n〕。由此可知，論證 A_{17}、A_{18}、A_{19} 和 A_{20} 都是聯合型論證。此外，論證 1 當中的攻擊關係也很明確，根據結構化論辯框架中關於攻擊關係的定義（定義 4.5.5），容易得到，論證 B_6 和 A_{22} 相互反駁攻擊、B_5 中斷攻擊 A_9、B_7 中斷攻擊 A_5、B_4 中斷攻擊 A_{20}。

綜合方法的第七步是形式化的論證評估。第四章第一、二節已經給出了 Dung 氏抽象論辯理論，這種理論的目的本身就是評估論證。基於抽象論辯理論發展起來的論辯語義可以分為兩個視角，一是基於擴充的語義，二是基於標記的語義。在論證 1 當中，存在論證 1 的多個反論證：B_4、B_5、B_6 和 B_7，如果檢方沒有進一步的論證來攻擊這些論證，那麼評估論證 1 及其子論證就相當容易。首先，根據擴充語義，容易得

到檢方沒有受到攻擊的論證有：A_{10}、A_{11}、A_{12}、A_{14}、A_{15}、A_{16}、A_{18}，因而其扎根擴充就是由這些論證所構成的集合；由於辯方的論證沒有受到檢方的進一步攻擊，因而辯方的論證的扎根擴充是：$\{B_4, B_5, B_6, B_7\}$。其次，根據標記語義，容易得到檢方的論證有 A_{10}、A_{11}、A_{12}、A_{14}、A_{15}、A_{16}、A_{18} 的證成狀態是被證成的，而辯方的論證有 B_4、B_5、B_6 和 B_7 的證成狀態是被證成的，但是，檢方的被證成論證只是論證 1 的部分子論證，除了這部分論證之外，論證 1 的其他子論證的證成狀態都是被擊敗的，這就意味著論證 1 本身的證成狀態是被擊敗的，因而對應於最低的可信度，甚至可信度為 0。

第七章　結語與展望

　　本書從「論證邏輯」的視角展示了法律論證理論的研究，這種新的研究視角是分別從非形式邏輯和可計算論辯理論這兩種邏輯維度來展開的。本書主張整合這兩種進路來研究法律論證，而不是單獨地推崇某一種，這兩種邏輯的特點在於刻畫了法律論證的不同層面，本書的工作還在於討論了這兩種邏輯之間的關係。為回顧法律論證理論的歷史源流，本書從法哲學進路簡單梳理了法律論證理論，表明了法哲學視域下的邏輯不能很好地刻畫法律論證的特質，因而法律論證的研究需要新的邏輯。本書接著闡述了什麼樣的邏輯是法律論證適用的邏輯，論證了「論證邏輯」適用於刻畫法律論證的特質，可以看作是一種天然的法律邏輯。

　　本書認為論證邏輯在實質上是一種整合非形式邏輯和可計算論辯理論的綜合性理論，本書分三個步驟構建了這種理論。首先，本書從非形式邏輯的視角展示了法律論證理論的研究，探討了新論辯術、語用論辯術以及約翰遜的論證理論在法律論證理論中的應用。其次，本書從可計算論辯理論的視角展示了法律論證理論的研究，介紹了理論模型和應用系統兩個層面中的一些典型模型或系統。最後，在介紹這兩種進路之

後，本書進一步探討了非形式邏輯與可計算論辯理論之間的關係，梳理了哪些非形式邏輯的基本概念是可以形式化的，還對非形式邏輯進行了較為系統的形式化工作。本書的貢獻是還提出了一種綜合非形式邏輯和可計算論辯理論的綜合方法，這種新方法借鑑了兩種理論的優點。

對於論證邏輯的應用，本書的後期工作還將拓展新的研究領域。第二章已經介紹了法律論證理論在刻畫司法證明和規範法律程序方面所發揮的作用，除了這兩個法律領域，近年來立法中的論證理性也引起了法學家和邏輯學家的注意，一些學者已經開始著手運用當代的理論來研究立法中的推理和論證。應當說，立法論證是法律論證在立法工作中的實際應用，因而，立法論證應當具備法律論證的一般特點，這也意味著法律論證的一般理論也可以應用於立法論證，研究法律論證的邏輯工具也同樣適用於立法論證。未來法律論證理論的拓展領域最大有可為的是立法論證的研究，下面本書將簡要展望立法論證，這也是本書所研究內容的後續工作。

立法論證是立法工作的重要且必要的組成部分，立法論證的好壞直接關係到立法質量能否得到保證。立法質量被視作「法律體系建設的生命線」，《中共中央關於全面推進依法治國若干重大問題的決定》（以下稱《決定》）指出：「建設中國特色社會主義法治體系，必須堅持立法先行，發揮立法的引領和推動作用，抓住提高立法質量這個關鍵。」2015 年 3 月修改通過的《中華人民共和國立法法》在總則第一條也新增了將「提高立法質量」作為明確的目標。中國的立法現實表明，當前的立法工作所面臨和亟需解決的重大疑難是如何保證和提高立法質量。《決定》為這個問題勾勒瞭解決思路：「深入推進科學立法、民主

立法。加強人大對立法工作的組織協調，健全立法起草、論證、協調、審議機制……推進立法精細化。」2015年修訂的《中華人民共和國立法法》也在立法程序一節中增加了第五十二條：「全國人民代表大會常務委員會應當認真研究代表議案和建議，廣泛徵集意見，科學論證評估。」這些都表明中國的立法進程已經由追求立法數量的粗放式階段轉入追求立法質量的精細化階段，因而，科學化、精細化的立法手段對於保證和提高立法質量就顯得十分必要和迫切，其理論研究有著重要的學術和實踐價值。科學理論支撐的立法手段對於提高立法質量、完善立法制度、推進國家法治能力現代化有著重要意義。

在中國，立法評估（Legislation Evaluation）是普遍運用於保證和提高立法質量的科學手段，也是經過立法實踐檢驗的行之有效的方法，它通常分為立法前評估和立法後評估。一般認為，立法後評估重在檢驗已制定實施的法規的立法質量，而立法前評估則重在提升即將制定或正在制定的法規的立法質量。中國各級立法機關進行了大量的立法後評估的實踐探索，立法後的質量評價理論日趨完善，相關研究成果較為豐富和成熟。早期的研究關注立法後評估的概念和對象，如汪全勝的「立法後評估對象的選擇」[1]。近年來則更加關注精細化的評價指標及量化方法，如席濤的「立法評估：評估什麼和如何評估（上/下）——以中國立法評估為例」[2] 等。全面的、系統性的研究還可見於一些著作，如俞榮根的《地方立法質量評價體系研究》[3]、劉作翔和冉井富的《立法後評估

---

[1] 汪全勝. 立法後評估對象的選擇 [J]. 現代法學, 2008（4）：11-17.
[2] 席濤. 評估什麼和如何評估（上）——以中國立法評估為例 [J]. 政法論壇, 2012（5）：59-75.
[3] 俞榮根. 地方立法質量評價體系研究 [M]. 北京：法律出版社, 2013.

的理論和實踐》①、汪全勝的《立法後評估研究》② 等。在國際上，歐美國家的立法機構都制定了較為成熟的立法後評估機制，如德國聯邦政府內政部就曾發布《立法效果評估手冊》。

相比而言，立法前評估的研究相對滯後，立法機關進行的實踐探索也相對不足，其中的原因之一是對立法前評估的內涵理解得不夠清晰。由於在立法前需要對法規的必要性、可行性和影響性等要素進行審核和診斷，而並非對法規實施後的效果進行評價，因而，與其說立法前的工作是評估，不如說是為達到「立法過程正當化」而運用的一種「說服技術」，它為立法決策者提供了具有正當性、權威性和說服力的理由，從這個意義上來說，稱其為「立法論證」更加合理。從概念的內涵上來看，立法論證指的是立法前論證，在廣義上包括立項論證、起草論證和審議論證等。從提高立法質量的視角來看，立法論證能夠有效避免不必要的條款入法，減少立法的資源浪費，因而它比立法後評估顯得更加迫切和重要。

在中國，一些地方立法部門已經有了立法論證的實踐。例如，廣東省人民代表大會常務委員會於 2013 年就制定了《立法論證工作規定》。然而，立法論證的研究卻沒有受到足夠的重視，已有的成果十分稀少，較早可查的論文有《立法論證探討》③，近年來有《立法論證：現代法律的正當性理由》④ 以及《由司法論證轉向立法論證》⑤ 等。反觀國際

---

① 劉作翔，冉井富. 立法後評估的理論和實踐 [M]. 北京：社會科學文獻出版社，2013.
② 汪全勝. 立法後評估研究 [M]. 北京：人民出版社，2012.
③ 汪全勝. 立法論證探討 [J]. 政治與法律，2001（3）：13-17.
④ 李曉輝. 立法論證：現代法律的正當性理由 [J]. 甘肅理論學刊，2015（5）：16-19.
⑤ 王鋒. 由司法論證轉向立法論證——中西比較視域下對中國立法論證的思考 [M]. 煙臺大學學報（哲學社會科學版），2015（6）：43-52.

上，立法論證也得到了較好的研究，哈貝馬斯（J. Habermas）的商談理論很早就被用於研究立法論證和協商[1]，立法學權威期刊 Legisprudence 於 2010 年第 4 期特設了一期專欄[2]，刊登了 5 篇研究立法論證和協商的學術論文，如奧利弗（Danial Oliver）在《立法論證的理論》一文中就認為：「好的法規必須經得起檢驗，公眾可以檢測立法論證及決策的可靠性。」這意味著立法和論辯必須緊密聯繫在一起。

目前，中國的立法論證和立法評估存在若干問題：一是缺乏科學的理論支撐，使得相關的研究成果缺乏說服力，而且沒有形成有效和明確的規範理論。二是立法論證和立法評估的內涵不清楚，有的觀點將立法文本質量評估劃入立法後評估，不利於減少試錯成本。三是立法評估的研究脫離了與立法論證之間的聯繫，現有的研究沒有釐清兩者的關係。四是缺乏立法論證的程序研究和評價研究，也沒有研究公眾在立法過程中的影響和作用。本書的後續工作將試圖在借鑑和吸收當代論證理論的基礎上回應以上問題。當代論證理論是一類研究人們日常生活中的論辯實踐的理論，已經被廣泛應用於刻畫社會和科學領域中的理性論辯。加拿大論辯學家沃爾頓（D. Walton）認為論辯是作為理性對話的，而對話的最典型的目的就是理性說服。好的立法應當說服公眾接受其立法主張，因而每個立法決策都需要具有說服力的理由，這樣才能保證決策的權威性、正當性和可接受性。立法論證和立法評估是為了尋求立法決策的正當性和權威性而運用的一種「說服技術」，其所蘊涵的立法的「實踐理性」與論辯的「說服理性」高度契合，而對於「實踐理性」的刻

---

[1] J HABERMAS. Legitimation Crisis [M]. Boston: Beacon Press, 1975.
[2] DANIAL OLIVER. Towards a theory of legislative arguement [J]. Legisprudence, 2010 (4): 3-4.

畫恰是當代論證理論的專長和旨趣所在。

　　本書後續的研究將圍繞立法前論證和立法後評估兩個部分展開。首先，由於立法論證制度的缺失，加之立法論證的研究匱乏，將先以立法論證為主要研究對象，圍繞立法前質量論證來展開，通過研究立法論證程序、立法論證層次和立法聽眾來權衡一個立法論證的好壞。其次，立法後的評估研究相對成熟，本書後續的研究將主要從績效評估的角度來展開，定位於評估立法實施效果，將立法文本質量分析前置於立法論證中進行。最後，由於缺乏立法論證與立法評估相銜接和協同的理論，使得立法前後的質量論證和評估可能重複、冗餘，甚至出現前後衝突的情況，因而還需要綜合立法論證和立法評估研究，以構造立法質量的綜合評價體系。

（1）立法論證與立法評估的內涵及關係

　　立法論證研究的首要任務是明晰立法論證和評估的內涵，核心是厘清兩者間的關係。立法論證不同於法律法規實施後的檢驗性評估，在實質上是一種預測法規生效後的影響和效果的預評估。而立法後評估才是檢驗這些內容的預期效果和完成度，即評估法律法規對經濟、社會和環境的實際影響，因執法和守法而產生的成本和收益。也就是說，所謂立法前評估就是法律法規通過後期望達到的一種立法預期。但是，這種立法預期並不等於立法實踐，還需要通過立法後評估的程序，檢驗立法實踐是否實現了預期目標。因而，立法評估的標準應置於立法論證的轄域之內，這樣就可以在立法前發現問題，避免在立法後的實施中產生本可以避免的不良後果。本書的後續研究除了澄清立法論證和立法評估的內涵，重點還將探求兩者間應當如何銜接和協同。

（2）立法論證程序

中國的立法實情存在「重實體、輕程序」的缺陷，本書的後續研究將借鑑當代論證理論的程序理論來建構立法論證的程序理論，以保障立法前的「程序正義」。在立法起草、立項和審議論證的過程中，可能存在立法制度設計和規範規則的約束條件的不同意見，立法主體與實務界、社會公眾和學術界可能存在分歧。那麼，經過有效的溝通和對話程序，使持有不同意見的各方達成一致，是立法論證的必經過程。這意味著一個有效組織各方尋求一致意見的論證程序是不可或缺的，而立法論證的程序理論研究就顯得十分重要。根據當代論證理論，論證可以分為作為結果（product）的論證，作為程序（procedure）的論證和作為過程（process）的論證，這三種類型的論證理論可以被巧妙地用於刻畫起草論證的靜態特點、立項論證的程序特點和審議論證的論辯特點。

（3）立法論證分層評價研究

在明確立法論證的程序之後，如何評價一個立法論證的好壞就是接下來要面臨的問題。根據當代論證理論，法律論證的好壞可以從邏輯層、論辯層、程序層和策略層四個層面來評價，立法論證的評價同樣可以從這四個層面來進行。第一，在邏輯層面，檢驗立法論證的邏輯可靠性，可以避免因邏輯錯誤而導致的執法衝突或法律糾紛。如法律概念和命題是否準確，是否與上位法或已存在的法規重複或衝突，是否符合地方立法權限。第二，在論辯層面，檢驗立項論證和審議論證是否經過充分的論辯，是否保證了公眾的自由論辯權利？是否體現了立法的民主性？第三，在程序層面，檢驗立法程序是否公開透明，起草、論證和審

議等程序是否合乎立法程序規範。第四，在策略層面，檢驗立法技術是否成熟，包括立法結構技術和語言技術。

(4) 立法聽眾研究

根據當代論證理論，聽眾是說話者希望通過論證來影響的理性人之整體。顯然，對於立法論證和立法評估而言，公眾（民眾、專業士和專業機構）就是作為參與和監督立法過程的聽眾。由於立法論證的好壞取決於其是否能夠說服公眾，而法規在適用過程中也需要得到公眾廣泛的認同，那麼這需要借助聽眾理論來研究立法聽眾，即研究作為聽眾的公眾對於法規的可接受性標準或者立法主體如何說服聽眾接受其法規。本書的後續工作將研究如何在立法設計中最大限度地爭取公眾的接受和認可，根據聽眾理論，滿足公眾的可接受性標準需要回答以下問題：公眾是否知曉該法規？公眾對該法律法規的整體評價如何？法規制定實施後公眾安全感的變化如何？法規實施後公眾的民主參與程度和積極性較以前是否有所提高？

(5) 立法前質量論證指標及其量化研究

主張立法前質量論證主要是針對立法文本質量進行論證，而且應當在起草法規時就開始文本質量的跟蹤論證。本書的後續研究將設定立法文本質量的論證指標，並進行量化權重分配，其中一級指標包括：①立法的必要性（如上位法無法規範被調整事項）；②法制一致性（如符合地方立法權限）；③合理性（如執法主體和程序明確）；④可操作性（如法規中禁止性規定的法律責任定義明確且適當）；⑤地方特色（如地方事務性突出）；⑥權利配置（如權利與義務的配置）等。在一級指

標下還將設置若干二級指標，對質量不過關的文本還將設置一票否決指標。此外，後續研究還將基於立法論證的程序理論，研究立法文本質量論證的操作程序，其步驟可以概括為：確定論證目標與對象；選擇論證主體；選擇論證標準和方法；處理論證數據、製作論證報告。

(6) 立法後質量評價指標及其量化

立法後質量評價主要是針對立法實施效果進行評估，又被稱為「立法績效評估」，它的目的是判斷、衡量和評價法律實施的效果，發現各法律實施環節中存在的問題。本書的後續研究同樣將設定立法實施效果的評價指標，並進行量化權重分配，其中一級指標主要包括：①成本與效益（如違法案件發生是否因為違法成本低而守法成本高）；②被認知和執行情況（被公眾所知曉和遵守的程度）；③執法反饋（如執法主體是否到位、職責是否得到履行）；④司法反饋（權利救濟是否暢通）；⑤社會、法律和經濟效益。在完成評價指標的設置和量化後，還需要有一套指標體系和計算模型來綜合得出法規實施效果的最後得分，為判斷該法規產生的真實狀況提供依據。因而，還將設計一種基於加權平均和功效系數算法的綜合評價模型。

(7) 立法質量綜合評估體系

本書的後續工作還將銜接和協同立法論證與立法評估，建構一種綜合的立法質量評價體系，形成可行的法規評價辦法（將以地方立法為主）。它將由四個部分構成：一是確定立法質量論證和立法質量評估的銜接內容，如立法的可操作性與法規的被認知情況相銜接，立法的權利配置與執法和司法反饋相銜接。二是確定立法論證和立法評估的綜合評

價標準，包括法律法規的經濟成本標準、社會成本標準、經濟收益和社會收益等。三是確定綜合評價的方法，除了收集素材、實地考察、專題調研、問卷調查等方法，還有辨析、分類和量化研究的方法。四是確定綜合評價的步驟，可以概括為：在立法前對法律法規進行預評估；在法律法規實施後評估其產生的效果和影響；比對兩種評價指標的結果並側重檢驗與預評估的匹配度。

參考文獻

［1］烏爾弗里德・諾依曼. 法律論證學［M］. 張青波, 譯. 北京：法律出版社, 2014.

［2］斯蒂芬・圖爾敏. 論證的使用［M］. 謝小慶. 王麗, 譯. 北京：北京語言大學出版社, 2016.

［3］理查德・A. 波斯納. 法理學問題［M］. 蘇力, 譯. 北京：中國政法大學出版社, 1994.

［4］卡爾・恩吉施. 法律思維導論［M］. 鄭永流, 譯. 北京：法律出版社, 2004.

［5］尼爾・麥考密克. 法律推理與法律理論［M］. 姜峰, 譯. 北京：法律出版社, 2005.

［6］羅伯特・阿列克西. 法律論證理論：作為法律證成理論的理性商談理論［M］. 舒國瀅, 譯. 北京：中國法制出版社, 2002.

［7］道格拉斯・沃爾頓. 法律論證與證據［M］. 梁慶寅, 熊明輝, 等譯. 北京：中國政法大學出版社, 2010.

［8］亞倫・德肖維茨. 合理的懷疑：從辛普森案批判美國司法體系［M］. 高忠義, 侯荷婷, 等譯. 北京：法律出版社, 2010.

[9] 查伊姆·佩雷爾曼. 法律推理 [M] //陳金釗. 法律方法. 濟南：山東人民出版社, 2003.

[10] 耶日·施特爾馬赫, 巴爾托什·布羅澤克. 法律推理方法 [M]. 陳偉功, 譯. 北京：中國政法大學出版社, 2015.

[11] 亨利·帕肯. 建模法律論證的邏輯工具 [M]. 熊明輝, 譯. 北京：中國政法大學出版社, 2015.

[12] 亞歷山大·佩策尼克. 論法律與理性 [M]. 陳曦, 譯. 北京：中國政法大學出版社, 2015.

[13] 雅普·哈赫. 法律邏輯研究 [M]. 謝耘, 譯. 北京：中國政法大學出版社, 2015.

[14] 阿爾諾·R. 洛德. 對話法律——法律證成和論證的對話模型 [M]. 魏斌, 譯. 北京：中國政法大學出版社, 2016.

[15] 陳銳. 法律推理論 [M]. 濟南：山東人民出版社, 2006.

[16] 焦寶乾. 法律論證導論 [M]. 濟南：山東人民出版社, 2006.

[17] 焦寶乾. 法律論證：思維與方法 [M]. 北京：北京大學出版社, 2010.

[18] 梁慶寅, 魏斌. 法律論證適用的人工智能模型 [J]. 中山大學學報（社會科學版）, 2013, 53（5）：118-228.

[19] 梁慶寅, 魏斌. 論證結構的邏輯分析 [J]. 哲學研究, 2013（10）：117-125.

[20] 梁慶寅, 魏斌. 庭審對話的邏輯分析 [J]. 學術研究, 2014（6）：17-22, 159.

[21] 廖美珍. 法律問答及其互動研究 [M]. 北京：法律出版社,

2003.

[22] 廖美珍. 法庭語言技巧 [M]. 北京：法律出版社，2005.

[23] 雷磊. 類比法律論證 [M]. 北京：中國政法大學出版社，2011.

[24] 熊明輝. 訴訟論證——訴訟博弈的邏輯分析 [M]. 北京：中國政法大學出版社，2010.

[25] 魏斌. 約翰·波洛克可廢止推理觀的省察 [J]. 自然辨證法研究，2015（9）：10-14.

[26] 魏斌. 法律邏輯的再思考——基於論證邏輯的研究視角 [J]. 湖北社會科學，2016（3）：154-159.

[27] 武宏志，劉春杰. 批判性思維：以論證邏輯為工具 [M]. 西安：陝西人民出版社，2005.

[28] 武宏志. 法律邏輯和論證邏輯的互動 [J]. 法商研究，2006（5）：153-160.

[29] 謝耘. 拉爾夫·約翰遜論證理論研究 [D]. 廣州：中山大學，2009.

[30] 張保生. 法律推理的理論與方法 [M]. 北京：中國政法大學出版社，2000.

[31] AARNIO A, PECZENIK A. The foundation of legal reasoning [J]. Berlin: Rechtstheorie, 1981.

[32] ALEXY ROBERT. A theory of legal argumentation: The theory of rational discourse as theory of legal justification [M]. Oxford: Clarendon Press, 1989.

［33］ ALLEN, RONALD J. A reconceptualization of civil trials［J］. Boston University Law Review, 1986, 66（3-4）: 401-437.

［34］ ASHLEY, KEVIN D. Modeling legal argument［M］. Cambridge, Mass: MIT Press, 1990.

［35］ ATKINSON K. Introduction to special issue on modelling Popov v. Hayashi［J］. Artificial Intelligence and Law, 2012, 20（1）: 1-14.

［36］ AUDI R. Practical reasoning［M］. London: Routledge, 1989.

［37］ R H JOHNSON. Logical self-defense［M］. New York: Idea Press, 2006.

［38］ BARONI P, GIACOMIN M. Solving semantic problems with odd-length cycles in argumentation［C］//Proceedings of the 7th European Conference on Symbolic and Quantitative Approaches to Reasoning with Uncertainty. New Delhi: Springer, 2003.

［39］ BARONI P, GIACOMIN M, GUIDA G. SCC-recursiveness: A general schema for argumentation semantics［J］. Artificial Intelligence, 2005, 168（1）: 162-210.

［40］ BARONI P, CAMINADA M, GIACOMIN M. An introduction to argumentation semantics［J］. The Knowledge Engineering Review, 2006, 26（4）: 365-410.

［41］ KRABBE, ERIK C W. From axiom to dialogue［M］. New York: De Gruyter, 1985.

［42］ BENTHEM J VAN. One logician's perspective on argumentation［J］. Cogency, 2009, 1（2）: 13-26.

[43] M C BEARDSLEY. Practical logic [M]. Englewood Cliffs: Prentice-Hall Inc, 1950.

[44] BESNARD P, HUNTER A. Elements of argumentation [M]. Cambridge Mass: MIT Press, 2008.

[45] BEX F J. arguments, stories and criminal evidence: A formal hybrid theory [M]. Dordrecht: Springer, 2011.

[46] BEX F J, KOPPEN P J V, PRAKKEN H, et al. A hybrid formal theory of arguments, stories and criminal evidence [J]. Artificial Intelligence and Law, 2010, 18 (2): 123-152.

[47] BLAIR J A, JOHNSON R H. Argumentation as dialectical [J]. Argumentation, 1987, 1 (1): 41-56.

[48] Braak Van Den. Sense-making software for crime analysis [D]. Utrecht: Utrecht University, 2010.

[49] BREWKA G. Dynamic argument systems: A formal model of argumentation processes based on situation calculus [J]. Logic and Computation, 2000, 11 (2): 257-282.

[50] BROCKRIEDE W B, EHNINGER D. Toulmin on argument: An interpretation and application [J]. Quarterly Journal of Speech, 1960, 46 (1): 44-53.

[51] BUCHANAN B G, HEADRICK T E. Some speculation about artificial intelligence and legal reasoning [J]. Stranford Law Review, 1970, 23 (1): 40-62.

[52] CAMINADA M. Semi-stable semantics, computational models of

argument [C]. Amsterdam: IOS Press, 2006.

[53] CAMINADA M, AMGOUD L. On the evaluation of argumentation formalisms [J]. Artificial Intelligence, 2007, 171 (5): 286-310.

[54] CAMINADA M, GABBAY D. A logical account of formal argumentation [J]. Studia Logica, 2009, 93 (3): 109-145.

[55] CAMINADA M, CARNIELLI W A, DUNNE P E. Semi-stable semantics [J]. Comma, 2003, 144 (22): 1207-1254.

[56] BENCHCAPON T J M. Persuasion in practical argument using value-based argumentation frameworks [J]. Logic and Computation, 2003, 13 (3): 429-448.

[57] BENCHCAPON T J M, DOUTRE S, DUNNE P E. Audiences in argumentation frameworks [J]. Artificial Intelligence, 2007, 171 (1): 42-77.

[58] COHEN L J. The probable and the provable [M]. Oxford: Clarendon Press, 1977.

[59] COPI IRVING M. Introduction to logic [M]. 6th ed. New York: Macmillan, 1982.

[60] COPI, IVRING M, COHEN CARL. Introduction to logic [M]. 9th ed. New York: Macmillan, 1994.

[61] DUNG P M. On the acceptability of arguments and its fundmental role in nonmonotonic reasoning, logic programming and n-person games [J]. Artificial Intelligence, 1995, 77 (2): 321-357.

[62] DUNG P M, MANCARELLA P, TONI F. A dialetic procedure

for skeptical assumption - based argumentation [J]. Comma, 2006, 144 (1): 145-156.

[63] DUNG P M, MANCARELLA P, TONI F. Computing ideal sceptical argumentation [J]. Artificial Intelligence, 2007, 171 (10-15): 642-674.

[64] DUNNE P E. Computational properties of argument systems satisfying graph - theoretic constraints [J]. Artificial Intelligence, 2007, 171 (10-15): 701-729.

[65] ENNIS R H. Identifying implicit assumptions [J]. Synthese, 1982, 51 (1): 61-86.

[66] VAN EEMEREN F H, GROOTENDORST R. Argumentation, communication, and fallacies, a pragma-dialectical perspective [M]. Hillsdale NJ: Erlbaum, 1992.

[67] VAN EEMEREN F H, GROOTENDORST R, HENKEMANS F S, et al. Fundamentals of argumentation theory [M]. Mahwah NJ: Erlbaum, 1996.

[68] VAN EEMEREN F H, GROOTENDORST R, HENKEMANS F S. Argumentation, analysis, evaluation, presentation [M]. Lawrence Erlbaum Associates, 2002.

[69] EEMEREN F H V, HOUTLOSSER P. The development of the pragma-dialectical approach to argumentation [J]. Argumentation, 2003, 17 (4): 387-403.

[70] EEMEREN F H V. Strategic maneuvering in argumentative dis-

course [M]. Amsterdam: John Benjamins Publishing, 2010.

[71] FETERIS E T. Fundamentals of legal argumentation: A survey of theories on the justification of judicial decisions [M]. Dordrecht: Kluwer Academic Publishers, 1999.

[72] FREEMAN J B. Argument structure: Representation and theory [M]. Berlin: Springer, 2011.

[73] FETERIS E T. Rationality in Legal Discussions: A Pragma-Dialectical Perspective [J]. Informal Logic, 1993, XV (3): 179-188.

[74] FENTON N E. Science and law: Improve statistics in court [J]. Nature, 2011, 479 (7371): 36-37.

[75] FENTON N E, NEIL M, LAGNADO D. A general structure for legal arguments about evidence using bayesian networks [J]. Cognitive Science, 2013, 37 (1): 61-102.

[76] FREEMAN JAMES B. Dialectics and the macrostructure of arguments: A theory of argament structure [M]. Berlin: Foris, 1991.

[77] GARDNER, DE A V. An artificial intelligence approach to legal reasoning [M]. Cambridge MA: The MIT Press, 1987.

[78] GORDON T F. The pleadings game: an artificial intelligence model of procedural justice [M]. Dordrecht: Kluwer Academic Publishers, 1995.

[79] GORDON T F, PRAKKEN H, WALTON D N. The carneades model of argument and burden of proof [J]. Artificial Intelligence, 2007, 171 (1): 875-896.

[80] GORDON T F, WALTON D N. Proof burdens and standards [M] // Argumentation in Artificial Intelligence. Berlin: Springer, 2009.

[81] HABERMAS J. The theory of communicative action [M]. T. McCarthy, Boston: Beacon, 1984.

[82] HAGE JAAP C, LEENES, et al. Hard cases: A procedural approach [J]. Artificial Intelligence and Law, 1993, 2 (2): 113-167.

[83] HAGE, JAAP C. Reasoning with rules: An essay on legal reasoning and its underlying logic [M]. Dordrecht: Kluwer Academic Publishers, 1997.

[84] HAGE, JAAP C. A model of legal reasoning and a logic to match [J]. Artificial Intelligence and Law, 1996, 4 (3-4): 199-273.

[85] HAGE, JAAP C. Studies in legal logic [M]. Berlin: Springer, 2005.

[86] HARMAN G H. The inference to the best explanation [J]. The Philosophical Review, 1965, 74 (1): 88-95.

[87] HART H L A. Positivism and the separation of law and morals [J]. Harvard Law Review, 1958, 71 (4): 593-629.

[88] HACCK S. On logic in the law:「Something, but not all」[J]. Ratio Juris, 2007, 20 (1): 1-31.

[89] HAMBLIN C. Fallacies [M]. London: Methuen, 1970.

[90] HAMBLIN C. Mathematical models of dialogue [J]. Theoria, 1971, 37 (2): 130-155.

[91] HITCHCOCK D. Pollock on practical reasoning [J]. Informal

Logic, 2002, 22 (3): 247-256.

[92] HUNTER A. A probabilistic approach to modelling uncertain logical arguments [J]. Approximate Reasoning, 2013, 54 (1): 47-81.

[93] JAKOBOVITS H, VERMEIR D. Robust semantics for argumentation frameworks [J]. Logic and Computation, 1999, 9 (2): 215-261.

[94] KRABBE E C W. Dialogue logi [J]. Handbook of the History of Logic, 2006 (7): 665-704.

[95] LIN F, SHOHAM Y. Argument systems: A uniform basis for non-monotonic reasoning [C] // Proceedings of the 1st International Conference on Principles of Knowledge Rrepresentation and Reasoning, 1989: 245-255.

[96] LIANG Q, WEI B. An argumentation model of evidential reasoning with variable degrees of justification [C] //Proceedings of the 25th Conference on Legal Knowledge and Information Systems. Amsterdam: IOS Press, 2012: 71-80.

[97] LODDER A. DiaLaw: On legal justification and dialogical models of argumentation [M]. Dordrecht: Kluwer Academic Publishers, 1999.

[98] LOUI R P, NORMAN J. Rationales and argument moves [J]. Artificial Intelligence and Law, 1995, 3 (3): 159-189.

[99] LORENZEN P. Dialogische logik [M]. Darmstadt: Wissenschafliche Buchgesellschaft, 1978.

[100] MACKENZIE J D. Question-begging in non-cumulative systems [J]. Philosophical Logic, 1979, 8 (1): 117-133.

[101] MAKINSON D, SCHLECHTA K. Floating conclusions and zom-

bie paths: Two deep difficulties in the 「directly skeptical」 approach to defeasible inheritance nets [J]. Artificial Intelligence, 1991, 48 (543): 199-209.

[102] MIRANDA P, AQUILAR J. Dialogue games in multi-agent systems [J]. Informal Logic, 2002, 22 (3): 2002.

[103] MCCARTHY L T. Reflections on 「TaxMan」: An experiment in artificial intelligence and legal reasoning [J]. Harvard law Review, 1977, 90 (5): 837-893.

[104] MACKENZIE J D. The dialectics of logic [J]. Logique et Analyse, 1981, 24 (94): 159-177.

[105] MACCORMICK N. Legal reasoning and legal theory [M]. New York: Oxford University Press, 1978.

[106] MODGIL S J, PRAKKEN H. A general account of argumentation with preferences [J]. Artificial Intelligence, 2013, 195 (195): 361-397.

[107] MODGIL S J. Reasoning about preferences in structured extended argumentation frameworks [J]. Artificial Intelligence, 2009, 173 (9): 901-934.

[108] PERELMAN C. The new rhetoric: A treatise on argumentation [M]. Notre Dame/London: University of Notre Dame Press, 1969.

[109] POLLOCK J L. Defeasible reasoning [J]. Cognitive Science, 1987, 11 (4): 481-518.

[110] POLLOCK J L. Contemporary theories of knowledge [M]. Lanham: Rowman-Littlefield, 1987.

[111] POLLOCK J L. Self-defeating arguments [J]. Minds and Machines, 1991, 1 (4): 367-392.

[112] POLLOCK J L, CRUZ J. Contemporary theories of knowledge [M]. 2nd ed. Lanham: Rowman-Littlefield, 1999.

[113] POLLOCK J L. Defeasible reasoning with variable degrees of justification [J]. Artificial Intelligence, 2001, 133 (1): 233-282.

[114] PRAKKEN H, SARTOR G. Logical models of legal argumentation [M]. Dordrecht: Kluwer Academic Publishers, 1997.

[115] PRAKKEN H. Logical tools for modelling legal argument: A study of defeasible argumentation in law [M]. Dordrecht: Kluwer Academic Publishers, 1997.

[116] PRAKKEN H, VREESWIJK G. Logics for defeasible argumentation [M] //GABBAY D, GUENTHNER F. Handbook of Philosophical Logic. Dordrecht: Kluwer Academic Publishers, 2002.

[117] PRAKKEN H. Analysing reasoning about evidence with formal models of argumentation [J]. Law, Probability and Risk, 2004, 3 (1): 33-50.

[118] PRAKKEN H. A study of accrual of arguments, with applications to evidential reasoning [C] //Proceedings of the Tenth International Conference on Artificial Intelligence and Law, Bologna. New York: ACM Press, 2005: 85-94.

[119] PRAKKEN H. Coherence and fexibility in dialogue games for argumentation [J]. Logic and Computation, 2005, 15 (6): 1009-1040.

[120] PRAKKEN H. Formal systems for persuasion dialogue [J]. Knowledge Engineering Review, 2006, 21 (2): 163-188.

[121] PRAKKEN H, SARTOR G. Formalising arguments about the burden of persuasion [C] //Proceedings of the 11th International Conference on Artificial Intelligence and Law. New York: ACM Press, 2007: 97-106.

[122] PRAKKEN H. A formal model of adjudication dialogues [J]. Artificial Intelligence and Law, 2008, 16 (3): 305-328.

[123] PRAKKEN H. AI & law on legal argument: Research trends and application praspects [J]. Law, Technology & Society, 2010, 5 (3): 449-454.

[124] PRAKKEN H. Argumetnation logics, a lecuture for intitute of logic and intelligence southwest university [R]. 2010.

[125] PRAKKEN H. On the nature of argument schemes [C] // REED C, TINDALE C. Dialectics, dialogue and argumentation, an examination of Douglas Walton's theories of reasoning and argument. London: College Publications, 2010.

[126] PRAKKEN H. An abstract framework for argumentation with structured arguments [J]. Argument and Computation, 2010, 1 (2): 93-124.

[127] PRAKKEN H. Reconstructing Popov v. Hayashi in framework for argumentation with structured arguments and dungean semantics [J]. Artificial Intelligence and Law, 2012, 20 (1): 57-82.

[128] RAHWANI I, SIMARI G. Argumentation in artificial intelligence [M]. Berlin: Springer, 2009.

[129] REED C, ROWE G. Araucaria: Software for puzzles in argument diagramming and XML [R]. 2001.

[130] REED C, NORMAN T J. Argumentation machines: New frontiers in argument and computation [M]. Dordrecht: Kluwer Academic Publishers, 2004.

[131] REED C, NORMAN T J. A Roadmap of research in argument and computation, argumentation machines [M]. Dordrecht: Kluwer Academic Publishers, 2004.

[132] REITER R. A logic for default reasoning [J]. Artificial Intelligence, 1987, 13 (1): 81-132.

[133] RISSLAND, EDWINA L, ASHLEY, et al. AI and law: A fruitful synergy [J]. Artificial Intelligence, 2003, 150 (1): 1-15.

[134] ROTH B, VERHEIJ B. Cases and dialectical arguments - approach to case-based reasoning [M]. Berlin: Spinger, 2004.

[135] THOMAS S N. Practical reasoning in natural language [M]. Englewood Cliffs: Prentice-Hall, 1986.

[136] TOULMIN S E. The uses of argument [M]. Cambridge: University Press, 2003.

[137] WALTON D. Informal logic: A handbook for critical argumentation [M]. Cambridge: Cambridge University Press, 1989.

[138] WALTON D. Types of Dialogue, Dialectal Shifts and Fallacies

[C] //EEMEREN, F H VAN. Argumentation illuminated, Amsterdam: SICSAT, 1992.

[139] WALTON D, KRABBE E. Commitment in dialogue: Basic concepts of interpersonal reasoning [M]. New York: State University of New York Press, 1995.

[140] WALTON D N. Argumentation schemes for presumptive reasoning [M]. Mahwah: Erlbaum, 1996.

[141] WALTON D N. Argument structure: A pragmatic theory [M]. Toronto: University of Toronto Press, 1996.

[142] WALTON D N. The new dialectic: Conversational contexts of argument [M]. Toronto: University of Toronto Press, 1998.

[143] WALTON D N. One-sided arguments: A dialectical analysis of bias [M]. New York: State University of New York Press, 1999.

[144] WALTON D N. Legal argumentation and evidence [M]. Pennsylvania: Penn State Press, 2002.

[145] WALTON D N. Informal logic, a pragmatic approach [M]. Cambridge: Cambridge University Press. 2008.

[146] WALTON D N. Argumentation methods for artificial intelligence in law [M]. Berlin: Springer, 2005.

[147] WALTON D N, REED C. Evaluating corroborative evidence [J]. Argumentation, 2008, 22 (4): 531-553.

[148] WALTON D, KRABBE E C W. Commitment in dialogue: Basic concepts of interpersonal reasoning [M]. Albany: State University of New

York Press, 1995.

[149] WEI B, PRAKKEN H. Defining the structure of arguments with AI models of argumentation [C] // Proceedings of ECAI-12 Workshop on Computational Models of Natural Argument, 2012: 60-64.

[150] WENZEL J. Three perspectives on agumentation: Perspectives on argumentation [M]. Long Grove: Waveland Press, 1990.

[151] WOODS J, WALTON D N. Arresting circles in formal dialogues [J]. Journal of Philosophical Logic, 1978, 7 (1): 73-90.

[152] WU Y N, CAMINADA M. A labelling-based justification status of arguments [J]. Studies in Logic, 2010, 3 (4): 12-29.

[153] VERHEIJ B. Accrual of arguments in defeasible argumentation [C] //Proceedings of the Second Dutch/German Workshop on Nonmonotonic Reasoning. Utrecht, 1995.

[154] VERHEIJ B. Rules, reasons, arguments: Formal studies of argumentation and defeat [D]. Maastricht: University of Maastricht, 1996.

[155] VERHEIJ B. Artificial argument assistants for defeasible argumentation [J]. Artificial Intelligence, 2003, 150 (1): 291-324.

[156] VREESWIJK G. Abstract argumentation systems [J]. Artificial Intelligence, 1997, 90 (1-2): 225-279.

國家圖書館出版品預行編目（CIP）資料

論證邏輯視域下的法律論證理論研究 / 魏斌 編著. -- 第一版.
-- 臺北市：財經錢線文化，2020.06
    面； 公分
POD版

ISBN 978-957-680-452-6(平裝)

1.法律 2.論述分析

580   109007589

書　　名：論證邏輯視域下的法律論證理論研究
作　　者：魏斌 編著
發 行 人：黃振庭
出 版 者：財經錢線文化事業有限公司
發 行 者：財經錢線文化事業有限公司
E - m a i l：sonbookservice@gmail.com
粉 絲 頁：　　　　　　　網　址：
地　　址：台北市中正區重慶南路一段六十一號八樓 815 室
8F.-815, No.61, Sec. 1, Chongqing S. Rd., Zhongzheng
Dist., Taipei City 100, Taiwan (R.O.C.)
電　　話：(02)2370-3310 傳　真：(02) 2388-1990
總 經 銷：紅螞蟻圖書有限公司
地　　址：台北市內湖區舊宗路二段 121 巷 19 號
電　　話:02-2795-3656 傳真:02-2795-4100　　網址：
印　　刷：京峯彩色印刷有限公司（京峰數位）

　本書版權為西南財經大學出版社所有授權崧博出版事業股份有限公司獨家發行電子書及繁體書繁體字版。若有其他相關權利及授權需求請與本公司聯繫。

定　　價：420 元

發行日期：2020 年 06 月第一版

◎ 本書以 POD 印製發行